PERCEPCIÓN EXTRASENSORIAL

Todo lo que Querías Saber sobre la Clarividencia y Telepatía. 2 Libros en 1 - Guía de Clarividencia en Español, Guía de Telepatía en Español

FELIX WHITE

Índice

Guía de Clarividencia en Español

Guía de Telepatía en Español

Guía de Clarividencia en Español

Todo lo que Necesitas Saber para Convertirte en un Clarividente y Desarrollar una Percepción Extra Sensorial

Índice

Introducción

¿Alguna vez has conocido a alguien que simplemente parece ser "demasiado empático"? Sabes a lo que me refiero, alguien que siente en cuerpo y sangre lo que otras personas están sintiendo. Alguien que vive su día a día lleno de emociones abrumadoras que son estimuladas por el ambiente que le rodea. Suena un tanto molesto, ¿no?

Bueno, esta característica puede no ser la carga que estás pensando. En realidad, este tipo de personas son conocidas como "empáticas."

Seguramente pensarás que muchas personas puedes ser empáticas, pero puede que estés confundiendo un poco los términos. Cuando hablamos de poder mágico y habilidades sobrenaturales, ser empático entra en la categoría de una habilidad psíquica.

Podría sorprendente cuántas personas han vivido toda su vida con una habilidad de esta naturaleza sin siquiera darse cuenta de ello.

Puede que incluso tú en este momento te estés preguntando si alguna de esas cosas "raras" que te pasan pueden ser indicios de una habilidad mágica. Entonces, ¿cómo puedo saberlo?

No te preocupes, no tienes que esperar a que ángel te hable en un sueño y te diga que eres clarividente. La realidad es que todos los seres humanos tienen una cierta cantidad de habilidades psíquicas; en algunas personas se manifiestan poco después de su nacimiento, mientras que en otras pueden permanecer dormidas toda su vida. Esto tampoco debe consternarte, existe la posibilidad de despertar y desarrollar estas habilidades si se tiene la guía correcta.

Para tu buena fortuna, o quizá por azar del destino, te topaste con este libro. Ahí afuera existen muchas personas, libros, y gurús espirituales que afirman poder despertar estas destrezas con programas pagados y retiros espirituales que muchas veces no hacen más que darte un par de días lejos de casa. Aunque la experiencia pueda ser entretenida, estos recursos no ofrecen una perspectiva práctica o útil que puede beneficiar a las personas que buscan afinar su intuición y provocar un cambio positivo en su vida.

Con los textos que leerás a lo largo de los siguientes capítulos, te ayudaré a incrementar la intuición, percepción extrasensorial, y desarrollo psíquico. He puesto mi corazón en desarrollar esta guía de comprensión, y te aseguro que no importa si eres principiante o ya tienes cierta experiencia en esta área, encontrarás algo que pueda serte de utilidad en este viaje de crecimiento personal y psíquico.

A medida que avances por este libro, recuerda que las habilidades psíquicas, aunque pueden ser desarrolladas, son innatas hasta cierto punto. No te fuerces a aprender cómo comunicarte con la mente si tienes una facilidad para ver las auras de otras personas. Tómate tu tiempo para embarcarte en un autoestudio y averiguar qué es lo que te funciona mejor. Esta guía te explica todo lo que necesitas saber para afinar tu intuición y aprender clarividencia, y, una vez que lo hayas terminado, te servirá como un recurso más al que siempre podrás volver si te surgen más dudas.

1

La habilidad psíquica dentro de las personas

Primero que nada, empecemos por aclarar un punto, la clarividencia es la habilidad de ver más allá de lo que los ojos comunes pueden. De esta forma, una persona con dicha capacidad puede obtener conocimiento usando métodos de percepción extrasensorial. Es decir, métodos inusuales y poco comunes para la persona promedio. Una clarividente es capaz de "ver" dentro de tu mente sin que realmente te des cuenta, gracias a su habilidad psíquica.

En los últimos años y por diferentes cuestiones, se ha popularizado la idea de que los psíquicos son seres sobrehumanos o brujas y hechiceros que han vendido su alma a algún demonio. Esta concepción de la clarividencia está equivocada y es muy común en la era moderna.

. . .

Sin embargo, contrario a esta creencia, todos los seres humanos son capaces de tener una percepción extrasensorial, incluso si no están conscientes de ello. No hay que ser un escogido divino para tenerla, pero hay que ser muy dedicado para desarrollarla.

Si conoces a alguien cuyos sueños con frecuencia se manifiestan, puede que esa persona sea clarividente. Más de un individuo a tu alrededor puede tener este tipo de habilidades, solo no has logrado percatarte de ello. Si no sabes cómo se manifiestan, de qué manera las ponen en práctica, ni qué características tienen, es natural que no puedas identificarlas. Además, las habilidades varían de persona a persona. Algunos ven el más allá, y otros son capaces de comunicarse con entidades y otros humanos usando su mente, sentir sus emociones en carne propia, y a veces explicarlos aún mejor que lo harías tú mismo.

Las razones por las cuales las personas deciden acudir a los psíquicos son muchas y muy variadas, pero generalmente hay una pregunta común que quieren responder: ¿estoy haciendo lo correcto? Para ellos es un paso al autoconocimiento y encuentran paz en saber si la decisión que quieren tomar es la indicada, o si deben de modificarla de alguna manera. Lo que no saben es que no hay necesidad de acudir a un psíquico cuando son capaces de realizar estos análisis por su cuenta.

Si tú quieres hacer, solo debes tener la disposición de aprender cómo despertar tu poder y hacer una diferencia en tu vida. Este libro te apoyará en tu desarrollo psíquico, podrás aprender sobre la clarividencia y otros tipos de habilidades psíquicas.

Empecemos con una pequeña aclaración: la clarividencia y ser "psíquico" no es lo mismo. Es como decir que una manzana y una fruta son iguales, aunque es cierto que una manzana pertenece al grupo de las frutas, sería un error decir que todas las frutas son manzanas. Una situación similar ocurre con la clarividencia, es una habilidad psíquica, pero otras habilidades también recaen dentro de esta categoría. Desde clarividencia hasta telepatía, precognición, clarisentencia, entre muchos otros.

Para que puedas entender mejor, analicemos la raíz de la palabra "psíquico", esta palabra surge de una mezcla del griego y el inglés que se traduce a "energía de la personalidad del alma". Este término también es conocido como energía espiritual, esta va más allá del plano existencial que conocemos, y puede ayudarnos a hacer más de lo que creíamos posible hasta ahora. Es trascendental, y aún más importante, es accesible para todos. Cada individuo tiene energía de la personalidad del alma, y eso te incluye.

. . .

Tenemos cuerpo y alma, y estos pueden operar correctamente gracias a los sentidos. La vista, tacto, gusto, olfato, y audición, son los cinco sentidos que pertenecen al cuerpo físico. De la misma manera, tu alma tiene sus propios sentidos, estos son los que llamamos extrasensoriales. Todos fuimos educados para cuidar nuestro cuerpo físico, pero solo unos cuantos quieren y saben cómo cuidar la integridad de sus almas.

La capacidad psíquica surge de tu alma. El simple hecho de tener un alma te vuelve una persona psíquica. Quizá sea difícil de creer, pero la única razón por la cual no has podido acceder a tus habilidades es porque nunca te enseñaron a cuidar tus sentidos extrasensoriales como cuidas tus sentidos físicos. Tampoco aprendiste a cuidar de tu alma de la misma manera. No, no tienes que necesariamente llevarla al doctor, pero existen ejercicios, alimentos, e incluso "músculos" que puedes procurar y ejercitar para poder usar tus habilidades de manera consciente. El primer paso es deshacerte de esas ideas y creencias que pueden impedirte alcanzar esta meta, que pueden interponerse en tu camino al despertar psíquico.

La cultura popular está llena de prejuicios y clichés, gracias en parte a la industria cinematográfica, y el área psíquica no es la excepción.

. . .

Muchas personas tienen una idea demasiado fantasiosa de lo que significa ser clarividente. Con frecuencia asumen que estas personas reciben regalos y visitas de entes sobrenaturales como ángeles, demonios, y fantasmas. Ahora, esto no está muy alejado de la realidad, pero ciertamente no ocurre de la manera como lo ves en las películas.

Entonces, ¿cómo puedes saber que eres psíquico o clarividente? Primero, presta atención a tu "sexto sentido", o mejor conocido como "una corazonada". Seguramente lo has sentido como todos en esta vida, en ocasiones tomas decisiones que no parecen tener lógica, como decidir no ir a ese viaje por carretera para luego escuchar en las noticias que las calles habían cerrado, o no invertir en esa gran oportunidad de negocio que terminó en bancarrota pocos meses después. A esto le llamamos una "corazonada". Pocos saben que el recibir conocimiento intuitivamente, sin tener previa información o investigación, es una habilidad psíquica por sí misma.

Ciertamente esta es de las señales más comunes que pueden indicar una habilidad extrasensorial, sin embargo, existen otras a las cuales también puedes ponerles atención para definir si eres una persona psíquica. Pero primero, es importante que conozcas las diferentes habilidades que una persona puede manifestar.

Empático psíquico

Esta habilidad se refiere a la capacidad de sentir las emociones de otros con intensidad. Son susceptibles y vulnerables al ambiente que los rodea. Es un tipo de habilidad psíquica que recae en la categoría de clarisintiente.

Las personas que la poseen tienden a ser abrumadas por emociones y consecuentemente se sienten expuestos y vulnerables. Si eres un empático psíquico debes de tener cuidado, puedes ser propenso a desarrollar ansiedad.

Cuando los empáticos son atacados con las emociones de otros, tienden a comportarse de manera distinta o errática. Las diferentes ramificaciones de los empáticos pueden ser físicas, emocionales, e intuitivas. Los empáticos con frecuencia tienden a tener la clarisentencia como sentido primario.

La empatía es una emoción natural de los seres humanos, pero es particularmente intensa en las personas clarisentientes. Entender la diferencia entre ambas situaciones es vital para aprender sobre la empatía psíquica. Contrario a la emoción humana convencional, la empatía psíquica es más que sólo "entender cómo se siente" otra persona.

Aquellos con esta habilidad pueden sentir y leer la energía de otros; esto sucede gracias a que son capaces de identificar señales verbales y no verbales que les permiten entender lo que alguien más está experimentando.

Algunos son capaces de sentir las vibraciones de energía que emiten individuos ajenos, y de esta manera lo interpretan para saber cómo están sintiendo sus emociones; otros entran en la categoría de clariconcientes, son aquellos que saben instantáneamente sin realmente tener un indicador o señal que se los confirme. Si constantemente tienes la impresión de que puedes "leer" la energía de las personas, lo más probable es que seas un psíquico empático.

Como mencioné antes, no existe solo un tipo de empatía psíquica, existen ciertas subramas que se dividen en física, emocional, e intuitiva:

- **Empatía física:** Este tipo de empáticos responden a las emociones de aquellos que los rodean por sus señales físicas. Estas personas funcionan como un "espejo" de las emociones que los demás están expresando. De la misma manera en que identifican los sentimientos ajenos por vía física, reflejan la empatía de estos sentimientos en su cuerpo. Por ejemplo, si alguna vez te ha pasado que comienzas a llorar simplemente porque la persona frente a ti está llorando, independientemente si realmente te sientes triste o si la situación en realidad no es tan conmovedora, entonces puedes interpretarlo como una señal de que eres un empático físico. Ocurre de manera similar con las personas que están enfermas, puede que sientas una incomodidad física o incluso síntomas similares, esto está fuera de tu control. La mejor manera de lidiar con las consecuencias de esta habilidad es rodeándote de personas brillantes y alegres que contribuyan a tu bienestar físico y emocional. Esto no significa que huyas a la primera señal de problemas o tristeza, pero procura que la negatividad no sea el enfoque principal de tu habilidad.

- **Empatía emocional:** Como hemos visto antes, los empáticos emocionales son los más populares y más fácilmente reconocidos como "empáticos". Son capaces de sentir las emociones ajenas como si fueran propias. Si eres un empático emocional, podrás darte cuenta de que con frecuencia te sientes contento cuando estás alrededor de personas alegres, y de la manera contraria te sientes malhumorado cuando te rodeas de personas tristes. Así como los empáticos físicos, es importante que te rodees de personas positivas y alegres que contribuyan a tu bienestar emocional. Si te encuentras rodeado de crisis y estás constantemente abrumado por diferentes causas puedes tener repercusiones negativas en tu energía mental y emocional.

- **Empatía intuitiva:** Son similares a los empáticos emocionales, sin embargo, en lugar de sólo sentir, ellos pueden sentir los sentimientos aun cuando no son expresados. Por ejemplo, con frecuencia puedes decir que crees que alguna persona a tu alrededor se siente triste últimamente, pero cuando lo discutes con otros conocidos te dicen que no lo creen, ya que siempre se presenta como una persona alegre y feliz. Tu intuición te permite detectar incluso sin la presencia física de la emoción. También te puede permitir saber si alguien está mintiendo o diciendo la verdad.

Aquí hay algunas características comunes de los empáticos psíquicos, si te sientes identificado puede que poseas esta habilidad:

1. Prefieres pasar tiempo a solas
2. Te es difícil mantener intimidad y cercanía
3. Tienes una intuición aguda
4. Con frecuencia te sientes abrumado por las emociones de las personas que te acompañan

5. Tus amigos y familia te han dicho que tus "corazonadas" siempre son acertadas
6. La naturaleza te hace sentir en calma

Ejemplo: Tu mejor amigo te ayudó a tener una cita a ciegas. Al principio sientes emoción, al ser una actividad nueva e interesante. Sin embargo, el día de cita te llenas de sentimientos extraños, no puedes definirlos como positivos o negativos, pero si como abrumadores. Te hacen sentir incomodidad. La cita ocurre con normalidad, pero no eres capaz de disfrutarla. No hay nada malo con la persona que te acompaña, pero la mayoría del tiempo tuviste una gran cantidad de sentimientos extraños que no parecían ser tuyos. Al finalizar, sentiste extremo cansancio, al punto de pasar varios días descansando en casa, ignorando mensajes, llamadas, e incluso otras citas con amigos cercanos. Esto te ha ocurrido incontables veces, y siempre estando en público.

Mediumnidad

De la misma manera que la clarividencia, el término de mediumnidad o de "médium" se utiliza erróneamente como sinónimo de psíquico. Sin embargo, no todos los psíquicos poseen la habilidad de ser médiums, y no puedes ser un médium sin ser clarividente.

. . .

Los médiums son psíquicos con la capacidad de comunicarse con los espíritus del más allá. Utilizan su intuición para leer energías, sentimientos, comunicarse con fantasmas y otros entes sobrenaturales, también son capaces de ver la vida presente, pasada, y futura de una persona utilizando su energía espiritual, de esta manera pueden recabar información sobre ella.

Usar la energía no-física que emiten les ayudan a acceder a el conocimiento que necesitan de un individuo. Algunas señales de que puedes tener la habilidad de médium incluyen visualizar a personas fallecidas en tus sueños, estos entes con frecuencia te ofrecen información importante. También es posible que estas señales se hayan manifestado desde una edad temprana, como la infancia.

La gran mayoría de los médiums la manifiestan a esta edad, pero algunos no se dan cuenta de ello hasta la adultez. Algunas personas que tienen menor contacto o conocimiento de este tema pueden incluso nunca darse cuenta.

Todas las personas son naturalmente intuitivas, y el ser médium requiere mucha intuición. Todos tenemos la posibilidad de ser médiums si entrenamos nuestras habilidades correctamente.

Esto no significa que cualquiera puede tener una comunicación fija con los grandes espíritus del más allá, pero con ejercicios y esfuerzo puedes desarrollar la habilidad necesaria para contactar a familiares fallecidos o visualizar algunas vidas pasadas. Los entes sobrenaturales nos rodean y siempre buscan comunicarse con nosotros, pero solo los que tienen la habilidad son capaces de escuchar y responder. La atención plena es sumamente importante para obtener el estatus de médium, independientemente de cuál sea tu habilidad de clarividencia principal (visualización, escucha, sensación, o conocimiento de la presencia de espíritus del más allá).

Por ejemplo, con frecuencia sientes en el aire el aroma de su esencia favorita, o sientes el sabor de su dulce predilecto, sueñas con ellos con frecuencia y vívidamente, cuando "sabes" automáticamente algunas cosas y sospechas que la información provino de ellos, sientes presencias a tu alrededor crees que buscan comunicarse contigo, o comúnmente tienes deja vu.

Ejemplo: Tu padre falleció hace unos años, siempre sentiste que tenían un vínculo especial, y por ende su pérdida te afectó bastante. Durante el funeral tienes una sensación fuera de lo ordinario que te indica que debes visitar su oficina.

. . .

Una vez ahí comienzas a buscar en un cajón que te llamó la atención, y dentro de él encuentras el testamento final de tu padre. El dinero que te heredó te ayuda a pagar el funeral y la deuda de tu casa.

Puede que no te des cuenta de inmediato, pero el espíritu de tu padre buscaba ayudarte y protegerte al poner el pensamiento de la oficina en tu cabeza. Es común que los miembros de la familia que han fallecido sirvan como guías espirituales para aquellos que aún vivan.

Telepatía

Cuando piensas en la comunicación, puede que lo primero que se te venga a la mente sea un intercambio verbal o escrito. Pero ¿qué pensarías si te dijera que la comunicación con la mente no es algo que existe solo en las películas? Seguramente piensas en algunos superhéroes de la cultura popular, claro que la telepatía no se manifiesta de la manera en la que lo presentan en las películas. Todos los psíquicos son telépatas. Es un don natural que poseemos los humanos. Desde el inicio de los tiempos, hemos tenido la habilidad innata de conectar con otros usando nuestra mente.

. . .

La definición de telepatía es un don psíquico que te permite enviar o recibir pensamientos y sentimientos entre dos individuos, independientemente de la distancia.

También puede ser considerada una forma de percepción extrasensorial, ya que los sentidos físicos no interfieren en ella.

Existen diferentes tipos de telepatía. La primera es la habilidad de sentir, leer, o escuchar la mente de otra persona. Esta es la más básica de la telepatía. La segunda, un poco más avanzada, es la comunicación telepática, es decir, tener contacto directo con la mente de otra persona sin el uso de las habilidades físicas. Posteriormente está la impresión o implantación, esto significa poder plantar una palabra, pensamiento, imagen en una mente ajena.

Finalmente, y quizá la más rara de ellas, el control, que es la habilidad de forzar a otra persona a pensar o comportarse de una manera específica deseada por el telépata.

Los seres humanos tenemos la capacidad de crear y formar experiencias, sabemos y sentimos las cosas como realmente son, es natural. Podemos crear vínculos con las conciencias de otras personas.

Esto depende de tu energía de la personalidad del alma. Esta energía tiene el poder de alinear tu frecuencia vibracional con la frecuencia de alguien más. Después de que logres esto con éxito, no necesitarás tus sentidos físicos para comunicarte o conectarte con la persona. Seguramente ya te ha ocurrido, pero no te has percatado de ello. En más de una ocasión tu instinto te advirtió sobre una persona, una característica, o un comportamiento, y terminó siendo realidad, esto también son experiencias telepáticas.

El verdadero componente que unifica a todas estas habilidades es la intuición. Si aprendes a utilizarla para alinear tus frecuencias vibracionales conscientemente, entonces podrás generar conexiones mentales con ellos, y por ende comunicarte telepáticamente. Si eres naturalmente empático también puede ser una señal de capacidades telepáticas. Hemos visto que la empatía está fuertemente relacionada con la clarividencia, pero también tiene vínculos estrechos con la empatía. Sin embargo, la diferencia radica en que la empatía está relacionada con los sentimientos, mientras que la telepatía con los pensamientos. Un empático puede recibir información, pero un telépata es capaz de recibirla y enviarla. Los empáticos también tienen facilidad para desarrollar habilidades telepáticas y otras formas de desarrollo psíquico.

. . .

Otra señal es tu interés en el mundo espiritual, si estás leyendo este libro es claro que posees esta curiosidad por lo sobrenatural. Todos tenemos habilidades psíquicas, pero aquellos que se vuelven conscientes de ellas tienden a tener un interés por las prácticas espirituales. Se sienten atraídos por sus vidas pasadas, conexión con sus ancestros, meditación, yoga, brujería, y otras prácticas espirituales, esto puede indicar un deseo subconsciente de despertar tus habilidades.

Tu intuición también es más aguda que la de otras personas, seguramente los individuos a tu alrededor siempre se sorprenden de tu capacidad para detectar mentiras.

Aquellos que tienen el don de la telepatía pueden sentir cuando alguien no está siendo sincero o exacto en sus afirmaciones, esto puede suceder inconscientemente si la persona no tiene el conocimiento de sus habilidades. Pueden identificar los pensamientos en los cerebros ajenos y por lo tanto detectar la mentira.

También existen algunos indicadores o componentes físicos, al fin y al cabo, nuestro cuerpo y mente están conectados, y nuestra alma también juega un rol muy importante en nuestra existencia.

. . .

Si el espacio entre tus cejas cosquillea, o incluso duele, con frecuencia puede ser una señal de que estás usando tus habilidades telepáticas. También puede presentarse incomodidad o sensaciones molestas.

Ejemplo: Tú y tu hermana tienen un vínculo especial.

Cuando llega el momento de irte a la universidad sientes una abrumadora sensación de nostalgia. Con frecuencia la extrañas, y esperas con ansias los fines de semana que pueden hablar por teléfono. Finalmente llega el día de la llamada, pero desde la mañana has sentido ansias, náuseas, y un nerviosismo que no parece desaparecer. Sientes que algo extraño ha pasado. Decides llamarla para asegurarte que todo está bien, tu madre contesta y te revela que tuvo un pequeño accidente automovilístico, pero que todo está bien.

Este es un ejemplo de cómo operan las habilidades telepáticas, y puedes entender el rol que juega la intuición en ella. Cuando dos personas comparten un vínculo, amoroso, de amistad, familiar, entre otras conexiones emocionales y extra-físicas. El tipo más popular de telepatía es la que se presenta en los gemelos. Algunos afirman sentir lo que su gemelo siente, o saber lo que está pensando sin necesidad de que lo diga.

Señales de que tienes habilidades psíquicas

Las mencionadas en la sección son las habilidades psíquicas más conocidas. Entre otras más oscuras podemos reconocer la precognición, viajes astrales, sueños lúcidos, comunicación con espíritus, etc. Todas ellas están conectadas por la clarividencia y la intuición.

Estas pueden manifestarse de maneras distintas, no tienes que experimentarlas todas para estar seguro de que eres clarividente, pero si sientes al menos tres existe una probabilidad alta de que lo seas:

- **Intuición y corazonadas agudas**: Esto significa que con frecuencia tus sospechas se vuelven realidad. Todos tenemos esta habilidad, pero se vuelve más poderosa cuando hay un apoyo psíquico. Este término se refiere a la atracción invisible hacia un pensamiento, lugar, o idea, que también puede reflejarse como un "conocimiento automático". La principal diferencia entre las corazonadas normales y aquellas con apoyo psíquico es que las primeras ocurren de vez en cuando, mientras que las corazonadas psíquicas tienden a ocurrir la mayoría del tiempo.

- **Sentidos afinados por encima del promedio**: Nuestro marco de referencia, aprendizaje, y comprensión son nuestros sentidos físicos, ahora sabemos de la existencia de la percepción extrasensorial, pero a veces esta se manifiesta primero a través de un desarrollo mayor de los sentidos físicos. Por ejemplo, puede que escuches cosas que no están ahí, o que sientas o escuches los pensamientos y sentimientos de otra persona. Esto se puede manifestar de diferentes maneras, un ejemplo sería que eres capaz de terminar las oraciones de otras personas. Ahora, algunos individuos tienen una conexión más allá de lo entendible, y con frecuencia pueden saber lo que el otro está pensando, aunque este es un tipo de percepción extrasensorial no significa necesariamente que la persona sea telépata. Si encuentras que esto te sucede con más de una persona, e incluso con extraños, entonces puede ser un indicador de la presencia de una habilidad psíquica.
- **Sueños vívidos y claros**: Puede que en ocasiones tengas sueños tan vívidos que se vuelve especialmente difícil de diferir entre ellos y la realidad, aun estando despierto, es también puede indicar la presencia de percepción extrasensorial. Los sueños también

pueden ser interpretados como "premoniciones". Por ejemplo: puede que sueñes con el campus de una universidad que nunca habías visitado, al día siguiente recibes una llamada del decano para ofrecerte un trabajo como maestro. O puede que sueñes que te encuentras con mucho dinero, semanas después tu jefa te ofrece un ascenso con un aumento significativo. Muchas veces tus sueños pueden revelarte tus habilidades psíquicas, es importante que les prestes atención.

- **Te sientes atraído por la naturaleza y las cosas hermosas**: Muchos consideran a la madre tierra la creadora de todo y una fuente poderosa de energía psíquica. Es natural que brujas, clarividentes, hechiceros, y otros individuos que utilizan esta energía se sientan atraídos y agradecidos con ella. Puede que tengas una fascinación interesante con el mar, o solo te sientas en paz cuando te pierdes en el bosque de regreso a casa, sientes felicidad y tranquilidad cuando te rodeas de la belleza natural. Esto también puede ser un indicio de habilidad psíquica. La clarividencia es una habilidad visual, por ende, se ve estimulada cuando este sentido es estimulado, así que te hace apreciar la belleza del arte como la pintura, dibujo, fotografía, y otras actividades que fomentan o requieren creatividad.

- **Visualizar las auras**: Las auras son luces coloridas que rodean a las personas, son proyecciones electromagnéticas que pueden ser percibidas y vistas. Las auras te dan información sobre las personas, sus pensamientos, y sus sentimientos. Pueden ser una herramienta importante para entenderlas, entenderte a ti mismo, y entender el mundo un poco mejor.

El siguiente capítulo abordará los beneficios de los dones psíquicos y qué ventajas puedes obtener de desarrollar el tuyo.

2

Beneficios de las percepciones extrasensoriales

Las percepciones extrasensoriales ciertamente son interesantes, útiles, y fascinantes; te permiten ver el mundo desde una perspectiva única e inimaginable para otros.

Sin embargo, es importante recordar que estas habilidades vienen con responsabilidades e incluso ciertos riesgos. Debes tener cuidado de cómo utilizas estos talentos; esta perspectiva te permite tomar decisiones importantes con facilidad y tomar el camino correcto en la primera oportunidad, pero aún más importante es el hecho de que puedes usarla para ayudar a otras personas.

Un beneficio de ser psíquico es que puedes sintonizarte con todo lo que existe al incrementar tu vibración, y usando tus habilidades es una manera de hacerlo, entre más las utilices, más puedes conectarte con el universo y todo lo que está dentro de él.

El universo está hecho de energía, tú, yo, los animales, las plantas, todos somos energía que está en constante movimiento, todo está dentro de nosotros y afuera de nosotros simultáneamente, estamos conectados por vínculos que no podemos comprender y que son fascinantes. Cada vez que utilizas tu habilidad psíquica, tu habilidad para sintonizarte con la energía del universo aumenta sobremanera.

Por esto, la meta principal de los individuos altamente espirituales es alcanzar la suficiente capacidad de vibración para conectarse con su yo superior, esto les permite acceder a consejos y guías espirituales de seres divinos superiores a los humanos.

La meditación también es una herramienta importante para el desarrollo de las habilidades psíquicas. Sin la meditación, no podrás alcanzar el estado vibracional superior que requieres para poder usar tus habilidades a voluntad.

Los chakras también juegan un rol importante en ello, estos son puntos específicos que forman parte del sistema de energía, un conjunto de canales que recorren nuestro cuerpo y se conectan con la energía del universo, y pueden abrirse y cerrarse dependiendo de las acciones, sentimientos, y pensamientos que tenga una persona. Para mantener una vida mental, física, y espiritual sana debes asegurarte de que tus chakras estén abiertos, saludables, balanceados, y libres de energías negativas.

La mayoría de las personas sin una práctica espiritual o que no nutren sus centros de energía tienen los chakras cerrados. Esto significa que su salud espiritual y física no son tan vibrantes como deberían ser. Los chakras están directamente conectados con los sentidos psíquicos, así que mantenerlos liberados para permitir a la energía fluir puede beneficiar y mejorar tus habilidades extrasensoriales. Para desbloquear y alinear los chakras, necesitas empezar el camino hacia tu despertar psíquico.

Cuando meditas, tu mente puede acceder a lugares que tu cuerpo físico no puede acceder, para ello es de vital importancia que aprendas a hacerlo de manera correcta, esto será el inicio de tu camino hacia el despertar psíquico. Recuerda que ser psíquico te permite tener acceso al mundo espiritual y también a tu propia espiritualidad, esto te da la oportunidad de aprender más sobre ti mismo.

. . .

Por ejemplo, puedes acceder a los Registros Akáshicos usando tus habilidades psíquicas, estos registros contienen información de tu vida pasada, presente y futura. Al acceder a estos registros puedes aprender sobre las cosas que afectarán y han afectado tu vida. Mientras te encuentras en este estado, con acceso a los planos espirituales, puedes comunicarte con espíritus, guías, deidades, ángeles, y otros entes sobrenaturales que pueden darte información importante para tu vida.

Como mencionamos antes, tus habilidades psíquicas impactarán las decisiones que tomes, más frecuentemente para mejor. Te ayudarán a darle dirección a tu vida y enfocar tus esfuerzos a satisfacer tu propósito de vida. La clarividencia te apoya a visualizar los posibles obstáculos que la vida te ha interpuesto o te interpondrá, es natural que te abrume el pensamiento de tener que tomar decisiones, sobre todo si son de gran importancia; pero si estás en sintonía con tus sentidos psíquicos, puede que estas decisiones no sean tan complicadas como crees. Tienes acceso a la enseñanza divina, y tus guías espirituales te impedirán sobre-analizar cada decisión que tomes.

De la misma manera que existen ventajas y beneficios que provienen de las habilidades psíquicas, también conllevan cierto riesgo.

. . .

El egoísmo es una de las emociones negativas de las cuales debes cuidarte, puede llevarte a tomar decisiones dañinas para ti o los que amas, y de igual manera puede poner en retroceso tu viaje y hacer que dejes de tener acceso a tu aspecto espiritual. Tampoco debes de hacer mal uso de la información que obtienes a través de tus habilidades, recuerda que el destino no está escrito, y puede ser forjado por las decisiones que tomes sean positivas o negativas.

El último consejo que puedo darte es que no abuses de tus habilidades, al fin y al cabo, estás usando recursos propios, así como tus sentidos físicos y psíquicos, puede tener repercusiones en tu salud física y mental. Puedes llegar a perder el contacto con la realidad física si pasas todo tu tiempo en el mundo espiritual, no importa qué práctica espiritual sigas, o que libros leas, siempre encontrarás que el balance es la clave para un camino espiritual saludable. Utiliza los consejos que te he dado en este capítulo para sacar de manera segura el mayor provecho de tus habilidades.

3

Los tres diferentes tipos de psíquicos

EXISTE mucha discusión y variedad de opiniones cuando se habla de los psíquicos. Es difícil definirlos con exactitud sin recaer en clichés o términos fantásticos, y esto es porque no existe solo un tipo de psíquico, así como no existe una sola habilidad psíquica. La diferencia principal entre los tipos de psíquicos es su habilidad para percibir información. El sentido psíquico prominente define tu habilidad psíquica, y así el tipo de psíquico que eres.

Los sentidos psíquicos también se refieren a las habilidades psíquicas, y ya sabes que la clarividencia es una de ellas, pero seguramente aún tienes muchas preguntas.

¿Cuáles son otras habilidades psíquicas? ¿Son iguales?

. . .

¿Qué clase de psíquico soy? ¿Qué diferencia tengo con otros psíquicos? ¿Qué son los cuatro sentidos claros (four clair senses)? Todas estas preguntas serán respondidas, pero es importante que lo hagamos paso por paso para no abrumarte y que puedas comprender todo con claridad.

Todos nacemos con al menos uno de estos sentidos, pero eventualmente perdemos el contacto con ellos. Son una manera de recibir información abstracta, es decir, son canales de comunicación que a veces pueden recibir incluso el mismo mensaje. Por ejemplo, asumamos que debes de entregarle un paquete a un amigo, puedes optar por usar un servicio de paquetería, llevárselo en persona si vive cerca, o llamarle para pedirle que pase por él. El mensaje no cambia, y tampoco la intención del mismo, pero los canales de comunicación pueden variar dependiendo de tu elección. Algo similar ocurre con la comunicación y los sentidos psíquicos.

La clarividencia es un canal de comunicación visual, mientras que la clarisentencia te permite sentir en su lugar. Pero las maneras en que la información llega son muy variadas, puede que ni siquiera puedas identificar cuál de tus sentidos estás utilizando para recibirlas. Todos trabajan con la intuición, así que es difícil saber cual es tu sentido "claro" prominente.

. . .

Aunque, en realidad, esto no tiene tanta importancia, si puedes conseguir información importante y útil ¿a quién le importa cómo la conseguiste? Lo primordial es que eres psíquico.

Pero es natural que sientas curiosidad, así que aquí te explicaré cómo reconocer los sentidos claros.

Clarividencia (visión clara)

Es la habilidad más conocida por las personas, cliché hasta cierto punto. Comúnmente confundida como sinónimo de la palabra psíquico, gracias a que es una de las más popularizadas por la industria cinematográfica. La definición de clarividencia en realidad es "visión clara" o "ver claramente" gracias a sus raíces etimológicas, en términos de este libro podemos interpretar esta palabra como "visión psíquica". Esta habilidad te permite ver mensajes psíquicos. Es la que más comúnmente se presenta en las personas, e incluso en individuos que afirman no tener habilidades psíquicas se ha presentado en más de una ocasión, aunque pasa desapercibido. Es fácil confundirlo con la manifestación o el deseo de que algo suceda, se etiqueta como simples anhelos, sueños inalcanzables, o pensamientos de una mente vagabunda.

. . .

La clarividencia en realidad es como una pequeña película que se manifiesta en tu mente, pero claro que cada individuo tiene diferentes maneras de verla o percibirla, a veces incluso con diferentes herramientas. Algunos reciben mensajes en forma de una pantalla móvil que de repente aparece en su cabeza con símbolos, imágenes, etc. Otros obtienen imágenes de personas u objetos con características específicas, esto incluye a los espíritus que se presentan en formas materiales vívidas, que parecen interactuar con el médium. Puede que se sienta como si estuvieras visualizando algo real con tus ojos, pero en realidad estás usando los "ojos de tu mente", es decir, los estás viendo con tu mente.

A diferencia de como es presentado en las películas, la clarividencia no te da un video mental de todo lo que sucederá o del espíritu que estás intentando contactar, en su lugar presenta una serie de imágenes visuales que pueden contener rostros, símbolos, o indicadores que el usuario debe de interpretar para obtener el verdadero mensaje o respuesta. Estas no siempre se presentan de manera clara, son señales sutiles y que, con frecuencia, los psíquicos no entrenados pasan por alto. Debes saber qué buscar o lo que puede suceder:

- En ocasiones recibes imágenes mentales sin relación a tu actividad o contexto actual

- Imaginas o visualizas objetos, lugares, y rostros fácilmente
- Símbolos, imágenes, y colores parecen parpadear frente a tus ojos
- Tienes sueños o visiones que parecen ser películas en tu cabeza

La capacidad de visualizar es una parte muy importante de la clarividencia, hace honor a su significado "visión clara". Soñar despierto es una señal, es algo que sucede fácilmente para aquellos que tienen el don de la clarividencia. Las maneras más comunes en las que se presentan los mensajes o respuestas para los clarividentes son:

- **Símbolos:** Esta forma no es exclusiva de los clarividentes, en realidad, la mayoría de las veces cuando un psíquico recibe un mensaje (independientemente de su tipo de habilidad) es a través de símbolos. A medida de que entrenes tu intuición, el significado de estos símbolos se volverá más fácil de interpretar, incluso si al principio te sientes confundido por su presencia. Por ejemplo, en lugar de mostrarte el rostro de tu futura pareja, puede que visualices su comida favorita, o la casa donde nació. Puede que te tome un tiempo hacer las conexiones, pero la práctica y otros tipos de entrenamientos psíquicos te ayudarán a afinar tu intuición y habilidad para entenderlos.

- **Imágenes y videos:** Diferentes psíquicos reciben los mensajes de diferentes maneras, como ya hemos visto en capítulos anteriores, y otra de estas posibilidades es que se presenten como imágenes o películas en lugar de símbolos; esto no necesariamente significa que veas un video de una hora con diálogo y música de fondo, pueden presentarse como imágenes en movimiento, o una serie de imágenes estáticas similar a una presentación de diapositivas, incluso puede ser un símbolo dentro de una imagen o transformado en una imagen. Por ejemplo, en lugar de visualizar una casa (potencialmente la de la infancia de tu pareja) puedes visualizarte caminando dentro de un hogar que nunca habías visitado, sentándote en la cocina, y comiendo algo que tu pareja te cocinó, incluso cuando no veas a nadie más. Esto puede representar que el matrimonio está cerca, o incluso que pronto compartirás tu vida con alguien más.

La moraleja de estos ejemplos es que psíquicos con diferentes habilidades, e incluso aquellos con la misma habilidad, reciben mensajes de maneras distintas, pero siempre a través del "tercer ojo".

. . .

No se presentan de manera física, ni se materializan para la visión de todos alrededor. Debes utilizar tu visión psíquica, y esta proviene del ojo que está colocado en el centro de tu frente. El término "tercer ojo" es un sinónimo para el ojo mental, es el canal por el cual los clarividentes reciben mensajes.

Clariaudiencia (escucha clara)

Ya habiendo estudiado el significado de clarividencia, este término parece un poco auto explicativo. Se refiere a la habilidad natural para "escuchar" mensajes usando tus sentidos extrasensoriales. La clarividencia es a ver como la clariaudiencia es a escuchar. Los mensajes llegan a través de sonidos en lugar de imágenes o símbolos. De la misma manera que los clarividentes tienen diferentes formas o técnicas para recibir esa información, las personas clariaudientes pueden escuchar ideas, instrucciones, o mensajes en su cabeza. Contrario a la creencia popular, esto no se presenta como voces demoníacas que se interrumpen unas a otras, en realidad, el tono es similar a la del individuo. De hecho, parecería que está hablando con sí mismo. Este monólogo puede prevenir de dentro de tu cabeza o de una fuente externa.

. . .

Los mensajes clariaudientes usualmente suenan como un pensamiento pronunciado, su sutileza y suavidad hace que la gente crea estar pensando en voz alta. También existe la comunicación con espíritus, y estos al principio pueden ser muy difíciles de entender. Los espíritus tienen que reducir su vibración para poder comunicarse con los humanos, esto hace que su voz se vuelva rasposa y profunda.

Este tipo de médiums también pueden recibir mensajes o señales en forma de sonidos o incluso música, puede escuchar palabras, frases, nombres, y mensajes de entidades del más allá. A veces, los mensajes clariaudientes son recibidos como sonidos físicos del plano etéreo, estos mensajes no se traducen en una lengua comprensible para los humanos, por ello escuchas el sonido, la música, o las palabras usando tu voz física, aunque desconozcas el origen de ellas.

En otras ocasiones, los espíritus utilizan sus propias voces para comunicarse, y los mensajes no siempre son simples palabras o sonidos, también pueden ser advertencias.

Imagina que estás en un apuro, y tu guía espiritual necesita advertirte que salgas de esa situación; puede que escuches un fuerte sonido de advertencia en tu cabeza. Seguramente te sorprenderás, pero no hay necesidad de que te aterres por ello, los espíritus gustan de mandar mensajes sutilmente para evitar generar pánico. A lo largo de tu desarrollo tendrás muchos momentos de confusión, sin saber si las señales provienen de ti o de tu guía espiritual, no debes preocuparte de la fuente, lo importante es que afines tu instinto para poder interpretarlos correctamente.

Todos los psíquicos pueden descifrar señales auditivas, pero aquellos que son clariaudientes puede identificarlas e interpretarlas con mayor facilidad gracias a que la audición clara es su sentido psíquico principal. Algunas señales de que este es tu sentido dominante son:

- Disfrutas de la música. Siempre estás escuchando alguna canción o incluso tocas uno o más instrumentos musicales
- Te conectas con tu ser interior al escribir o practicar tu música
- Aprendes escuchando. Es más sencillo para ti entender un concepto si te es explicado frente a frente o en audiolibros en lugar de tener que leer al respecto
- Ruido negativo o sin sentido te irrita y pone de mal humor
- Tienes un monólogo interior, hablas contigo

mismo y siempre "estás en tu propio mundo" dentro de tu cabeza.

No es necesario tener todas las características mencionadas, pero si te identificas con tres de ellas puedes dar tu habilidad por sentado, y aún si no, puede indicar que tengas esta habilidad, pero no sea tu sentido prominente. Las experiencias también pueden ser confundidas con otras situaciones no extrasensoriales, así que te dejo una lista para identificar tus experiencias clariaudientes:

- Escuchas voces que son similares a la tuya
- Tienes un monólogo interno, pero a veces esa voz parece provenir de fuera de tu cabeza
- Las experiencias son cortas y con un objetivo que se cumple durante la experiencia

Como mencioné antes, muchas personas confunden experiencias clariaudientes con corazonadas o un monólogo interno, también pueden ser tomadas como simples experiencias que tienen una explicación, como que alguien les mencionó algo y simplemente lo olvidaron.

Esto se da gracias a que la intuición también es usada en el día a día. Te contaré la historia de mi padre, él me contó una vez que cuando yo recién había nacido mi madre trabajaba y él con frecuencia debía hacer las compras de mi alimento.

En su camino a la tienda de abarrotes, que se encontraba a una esquina de nuestra casa, debía atravesar una calle un tanto problemática, al no tener topes los autos iban a altas velocidades aún cuando no debían. Él miró hacia ambos lados antes de cruzar, y al no ver automóviles en el horizonte atravesó la avenida. Unos pasos antes de llegar al otro lado, mi padre cuenta haber escuchado una voz que le dijo "salta", él lo describe como un "no sé qué" que lo hizo saltar sin ninguna razón aparente. El segundo en el que aterrizó a salvo sobre la escarpa, un automóvil manejando a alta velocidad pasó por el punto donde había estado parado hacía solo un momento. El asegura que nunca vio el automóvil ni escuchó que se acercara, sólo la voz misteriosa que le pidió que saltara.

Al día de hoy, él cuenta esta historia como una experiencia cercana a la muerte, afirma que, de no ser por esa voz y ese pequeño salto, el automóvil le hubiera pasado por encima. Mi padre no se considera una persona psíquica, y puede que tenga razón, sin embargo, es obvio para más de un individuo con el don es evidente que tuvo una experiencia clariaudiente.

Clarisentencia (sensación clara)

. . .

Como mencionamos en el capítulo anterior, este es el sentido dominante en las personas empáticas y altamente sensibles. La clarisentencia es la habilidad para sentir o recibir mensajes usando las emociones, sentimientos, y sensaciones físicas. Por ejemplo, asumamos que alguien en tu familia cae enfermo de gravedad, aunque nada fatal ha ocurrido, todos los días te sientes abrumado, exhausto, y sin energía. A tu alrededor, el resto de tu familia también se ve desanimada, pero nadie de la manera en lo que tú lo estás. Aunque no te des cuenta, estás absorbiendo todo lo que la gente a tu alrededor está sintiendo, ahora puedes entender la carga que representan todas esas emociones unidas recayendo sobre una sola persona, es solo lógico que esté teniendo repercusiones negativas en ti, incluso más de la que la situación amerita. Esto es una señal clara de la presencia de tu habilidad psíquica.

Las personas clarisentientes pueden absorber cada sentimiento, emoción, sensación, y energía que los rodea independientemente de la sutileza de estos. Es imperativo para ellos tener un tiempo de sanación donde solo se encuentren consigo mismos, esto puede darse dentro de su habitación, un lugar alejado, o incluso rodeados de naturaleza y desconectados tecnológicamente.

Esto puede parecer tonto, pero algunos individuos incluso pasan un mal rato al escuchar las noticias amarillistas o ver películas demasiado trágicas, puede identificarse y sentir las emociones de aquellos afectados o los personajes en dichas historias.

La sensación es el sentido psíquico predominante en un clarisintiente. Si con frecuencia tienes emociones fuertes con respecto a personas, lugares, u objetos, puede que seas un psíquico clarisintiente. Este tipo de psíquicos son capaces de saber lo que otros individuos sienten antes de que puedan expresarlo. Llevan el concepto de empatía a otro nivel, pueden sentir rayos de dolor cuando ven a alguien con heridas profundas, o tener un episodio depresivo después de ver noticias trágicas en la televisión.

Como con los otros sentidos, es probable que ya hayas tenido una experiencia clarisintiente sin haberte dado cuenta. Por ejemplo, puede que te hayas sentido extremadamente triste por la muerte del familiar lejano de un amigo, alguien a quien ni siquiera conocías, únicamente porque tu amigo parecía estar triste. Entre otras cosas, un clarisintiente puede experimentar:

- Sientes el dolor, físico o emocional, de otras personas
- Tienes sentimientos intuitivos, y acertados, sobre personas, lugares, o situaciones

- No funcionan a su máxima capacidad cuando están rodeados de una multitud
- Se sienten agobiados cuando están cerca de demasiadas personas
- Películas, noticias, y programas de radio pueden abrumarlos si el contenido es negativo

Si eres "demasiado emocional", probablemente eres un psíquico clarisintiente. Pero no te preocupes, no estás destinado a sentirte abrumado no importa lo que hagas por el resto de tu vida, ahora que sabes sobre tu habilidad, puedes empezar a practicar y entrenarte para volverte menos susceptible a los sentimientos ajenos.

De la misma manera, es importante que no compares tu habilidad con otras habilidades psíquicas. Puede que la clarividencia sea más atractiva para los productores de televisión, pero la clarisentencia también tiene sus propios beneficios. En tu camino a desarrollar tu habilidad, encontrarás nuevas maneras de hacerla útil para tu propio interés y la ayuda de otros. También te permitirá recibir consejos y guía de seres del más allá.

Clariconciencia (conocimiento claro)

. . .

Si con frecuencia te encuentras terminando las oraciones de otras personas, o tus instintos son especialmente agudos y el conocimiento solo "aparece" en tu mente, es muy probable que seas clariconciente. Esta es la habilidad de tener conocimiento psíquico, es la cuarta de las cuatro habilidades psíquicas principales. Su característica principal es la presencia de conocimiento sin justificación alguna, y se presenta en la forma de corazonadas intensas, para los individuos que poseen esta característica, el instinto es mucho más agudo. Todas las habilidades se basan en el instinto, como ya hemos visto, pero la intensidad de este es la base principal de la clariconciencia. La sensación es mucho más intensa, y no puede pasar desapercibida.

La presencia o aparición de información sin fundamentos, pero que es altamente acertada, es la naturaleza de esta habilidad; pensamientos e ideas se presentan en tu mente, y tienden a ser específicos, además de ello puedes recibir hechos, información, ideas que se manifiestan en tu consciencia sobre otras personas u otras circunstancias. Algunos individuos describen estos mensajes como "epifanías", la manifestación repentina de ideas o la sensación de saber qué hacer. Por ejemplo, cuando alguien te da "mala espina" y sabes instantáneamente que no puedes confiar en esa persona, algunas personas pueden creer que exageras ya que el individuo en cuestión es amable, carismático, y divertido; sin embargo, la gran mayoría del tiempo este tipo de corazonadas terminan siendo acertadas.

Si tuviéramos que representar a la clariconciencia con un solo símbolo, sería un foco eléctrico. Seguramente has visto algo similar en las caricaturas, cuando un personaje tiene una idea repentina un bombillo se ilumina sobre su cabeza. Suceden en momentos poco esperados, al azar, y sin importar el contexto o la situación en la que te encuentres, relajándote con tus amigos, trabajando en la oficina, o incluso sentado en el baño.

Es un reto identificar entre pensamientos comunes o epifanías lógicas de las epifanías psíquicas. La mente humana tiene pensamientos dedicados a protegernos. Es fácil confundirlos, puedes creer que estás teniendo una visión clariconciente cuando en realidad ya habías tenido acceso a información relacionada, pero sin que te hayas dado cuenta. Por supuesto, como toda habilidad psíquica, hay formas específicas de diferenciarla de las físicas:

- **Instintos agudos y acertados:** Todos tenemos instintos que tienen raíz en nuestras épocas de supervivencia. Estos instintos se han formado y desarrollado desde el inicio de la vida misma, con base en nuestras experiencias como individuos y comunidad, e incluso de forma genética. Sin embargo, estos instintos pueden equivocarse. Esto no significa que la clariconciencia pueda equivocarse, por el contrario, esto los diferencian de la clariconciencia. Los psíquicos que poseen esta habilidad tienen instintos a prueba de todo. Pueden predecir eventos que aún no han ocurrido basándose en sus corazonadas, y estos sucederán sin importar las circunstancias, así de poderoso es su instinto. Una señal clariconciente significa que sabrás con exactitud cuando no asistir a una fiesta, cambiarte de trabajo, o confiar en esa persona que te da mala espina. No sabes por qué, pero lo sabes.

- **Detectar mentiras:** Si existe alguien que puede detectar mentiras a prueba de todo, eso es un psíquico clariconciente. Son capaces de saber cuando alguien está siendo deshonesto. Si esto te sucede con frecuencia, puedes tomarlo como una señal de que eres clariconciente. Recuerda que esto también está presente en otras habilidades, así que debes tomarte el tiempo de comparar tus sentidos y tus premoniciones para identificar cuál es el predominante. Cuando la clariconciencia es predominante, siempre sabes cuando alguien está mintiendo, depende de su carisma o el contacto, nada se te pasa, y las personas confían en la veracidad de tu habilidad.

- **Ideas y soluciones espontáneas:** A principios de esta sección, mencionamos cómo la clariconciencia se asemejaba a una epifanía. Imagina que llevas horas tratando de resolver un problema, sea laboral o personal, y has pensado en todas las soluciones posibles. De repente, una idea aparece en tu cabeza, y aunque parece no tener sentido termina siendo la solución que estabas buscando. Si esto te ha ocurrido una o más veces, lo más probable es que seas clariconciente. Ideas que parecen no tener razón de ser o sugerencias de una fuente no reconocible aparecen en tu cabeza, entonces es una señal clara. Los psíquicos clariconcientes reciben mensajes a través del pensamiento, en la forma de pensamientos, ideas, o sugerencias que se les presentan. No hay un horario específico o determinado para recibir estos mensajes, pueden llegar en cualquier momento, e incluso durante actividades que no tienen relación alguna con la actividad que estés realizando. Es importante que te tomes un momento para interpretarlos, pero ya que la clariconciencia está fuertemente relacionada con la intuición lo más probable es que sepas su significado casi de inmediato, aún así, trata de no pasarlos por alto.

Entrenar tu clariconciencia es una de las mejores maneras de despertar o desarrollar tus habilidades psíquicas. Fomentarás el uso de tu intuición y entrenarás para escucharla por sobre todas las cosas.

Clarioliencia (olfato claro)

Puede que en este punto un concepto como el olfato psíquico pueda parecerte ridículo, pero te sorprenderá saber que este es uno de los sentidos más poderosos, tanto en el plano físico como el plano espiritual. Puede evocar emociones y memorias de una manera increíble, algunos expertos en el estudio efectivo afirman que, si estudias portando una fragancia y utilizas la misma fragancia durante un examen, es más probable que recuerdes el contenido que habías estudiado. También puede evocar emociones intensas, el olor de tu pareja, la comida de tu madre, hasta el olor peculiar de tu pueblo natal. La clarioliencia es el sentido psíquico del olfato, y es uno de los que ocurren con más frecuencia en las personas, sean o no psíquicas. Para aquellos que sí lo son, los olores funcionan como una forma de señal espiritual. Ciertamente es una de las habilidades menos conocidas, y pocos son los psíquicos que logran tenerlo como sentido primario, es una habilidad maravillosa y con muchos beneficios.

. . .

Las personas clariolientes pueden detectar olores imperceptibles para otras personas, estos pueden contener mensajes divinos o información del mundo psíquico. Una clara señal de que este es tu sentido prominente es que los olores afectan de gran manera tu estado de ánimo.

Fragancias placenteras pueden ponerte de buen humor, y olores repugnantes arruinar tu día por completo. Puedes hacer un pequeño experimento con esta información, procura prestar principal atención a los olores que te rodean cuando te estés sintiendo de maneras específicas.

También es importante que detectes la frecuencia de estos olores y si realmente son olores de tu ambiente o señales divinas. Si sientes un olor que no está comúnmente en tu ambiente, puede que uno de tus espíritus guías tratando de comunicarse contigo.

Un ejemplo de la clarioliencia es cuando repetidamente sientes olores de familiares fallecidos, puede ser su colonia, o el olor de su champú. La presencia del olor de una persona fallecida, y que alguna vez amaste, es una señal de que su espíritu está a tu alrededor. De la misma manera puede significar que el espíritu está tratando de comunicarte algo. Debes ser paciente e interpretar el mensaje que te están presentando.

Estos olores pueden presentarse de distintas maneras, desde olor de comida hasta fragancias específicas como el tabaco, pero casi siempre están relacionadas con el espíritu; reconoce su presencia e intenta reciprocar la comunicación. Una sesión de meditación puede ayudarte a ello, concéntrate en las memorias que compartieron, en cómo te hacía sentir su olor, o las emociones que se presentaron después de su fallecimiento. Esto hará que el espíritu se sienta apreciado y reconocido.

A veces no serán espíritus conocidos, sino tus ángeles guía. Si esta habilidad realmente es tu sentido dominante, los ángeles buscarán una manera de enviarte una señal usando olores, lo más probable es que este sea un olor floral. La manera en la que puedes distinguir que es un olor de origen espiritual, es identificando que no existe un objeto físico que esté generando ese olor. Por ejemplo, si sientes un olor floral dentro de tu casa sabiendo que no tienes un florero, entonces estás recibiendo una señal divina. Presta atención a los detalles de tus alrededores, una vez que hayas desarrollado la habilidad podrás usarla para diferentes cosas que te serán útiles.

Por ejemplo, puedes usar la habilidad para revivir memorias que de otra forma te serían muy difíciles de recordar.

. . .

Una sola esencia puede revivir una ola de memorias sobre una persona o una circunstancia, estas memorias pueden incluso no estar en tu mente consciente. Puede ser algo sencillo o algo extremadamente complejo, como el hecho de que el olor de una panadería específica puede desatar memorias de tu infancia, negativas o positivas.

Los olores también te permiten leer e interpretar a las personas. Puedes tener una impresión psíquica de ellos por su olor, así como puedes detectar cuando alguien está siendo deshonesto. No importa la sutileza o fortaleza del olor, puedes usarlo para identificar si la persona está asustada, mintiendo, incómoda, feliz, enamorada, y cualquier otra emoción. Puedes literalmente "oler" cómo se siente.

La manera en la que funciona esto es que la clarioliencia te permite sentir la energía. Puede que te encuentres en un lugar que te hace sentir incómodo, no sabes por qué de inmediato, pero si afinas tu habilidad del olfato psíquico, puedes detectar un olor que te ofrezca información sobre el lugar. La clarioliencia vuelve realidad la capacidad de "oler" el peligro. Puedes observarlo en el día a día, usas tu olfato para saber si la leche que estás a punto de tomar está echada a perder o sigue fresca, literalmente puedes oler el peligro y evitarlo.

. . .

De la misma manera sucede en situaciones riesgosas o peligrosas, incluso si no puedes identificar de dónde viene la señal, confía en tu instinto cuando te dice que algo no está bien.

Todos emanamos esencias naturales que se originan de las vibraciones energéticas. Incluso si la clarioliencia no es tu habilidad principal, puedes detectar el olor de todo lo que está a tu alrededor con tu energía. Pero si eres clarioliente, puedes identificar olores aún más fuertes que los comunes. Usando esta habilidad, puedes alterar el humor de las personas alineando tu esencia natural con la de ellos. Es un don poderoso y útil, así que no debes utilizarlo con motivos egoístas.

Clarigustancia (gusto claro)

Como ya te habrás dado cuenta, los sentidos físicos están directamente relacionados con los psíquicos. El último de los sentidos por lógica es el del gusto. La clarigustancia es el sentido psíquico del gusto. Se manifiesta a través de los objetos que colocas dentro de tu boca, esta subconscientemente es capaz de percibir la energía y sabor.

. . .

Ahora, esto no significa que puedas recibir señales solo por comer un pastelillo, la clarigustancia funciona con las sensaciones generadas dentro de tu boca incluso cuando no hay comida dentro de ella, similar a la manera en la funciona la clarioliencia. Si esta es tu habilidad primaria, puedes sentir el sabor de todas las energías del universo, por ende, con frecuencia sientes sabores dentro de tu boca, incluso si no estás comiendo nada, que te recuerdan o conectan con alguna experiencia, idea, o circunstancia.

De manera similar a la clarioliencia, sucede en momentos al azar, el sabor de las galletas que hacía tu abuela puede recordarte a tu infancia cuando ella aún vivía, esto es un claro indicio de clarigustancia. Puede que este sea el medio por el cual tus espíritus guía se quieren comunicar contigo.

De la misma forma que con el resto de las habilidades, deberás descifrar el significado por ti mismo. Pon atención al sabor, la sensación, y la memoria que dispara. ¿Es un sabor familiar? Puede incluso ser algo que no identifiques, que no hayas probado antes. Existen infinitas maneras de interpretar los mensajes, pero seguro podrás hacerlo si practicas lo suficiente. En el cuerpo físico, el sentido del olfato y el gusto están interconectados, de la misma manera puedes apoyarte en otros sentidos psíquicos.

No importa cuál sea tu habilidad predominante, es importante para tu camino psíquico practicar con frecuencia y pacientemente afinar tu instinto. No importa cuál sea tu habilidad predominante, es importante para tu camino psíquico practicar con frecuencia y pacientemente afinar tu instinto. Si eres un principiante no te apresures, no dominarás tu habilidad en un día. Si ya tienes experiencia con habilidades psíquicas, recuerda que deben ser usadas con responsabilidad, tienes un don y es algo de lo que debes sentirte afortunado. Si solo tienes una habilidad predominante no te preocupes, con la práctica podrás entrenar tu intuición para recibir mensajes a través de otros sentidos. Los tienes dentro de ti.

4

Deshacerte de tus bloqueos

El camino hacia la plenitud psíquica es muy interesante, usualmente empieza con un vago interés que eventualmente se convierte en necesidad de autoconocimiento, y si persistes en ello te dedicas a desarrollar tu intuición y tus nuevas habilidades psíquicas adquiridas. Es normal que te sientas emocionado, estás en la fase de luna de miel en la relación que tienes con tus habilidades psíquicas, estás en el proceso de desarrollar una conexión especial con tus capacidades extrasensoriales. Nada es más interesante ni emocionante, pero es importante que no pierdas el contacto con la realidad. El progreso no siempre será lineal, habrá ocasiones ya no recibas mensajes intuitivos, tu progreso se verá topado en algún punto, y es justo en este momento donde debes trabajar más duro, no debes sucumbir ante el deseo de rendirte.

. . .

Esta fase es normal. Todo comienza como una nueva y emocionante aventura, pero una vez que llegas a un punto donde tus habilidades no parecen florecer como lo esperabas puedes perder la motivación para seguir adelante. También te ayudará saber que no eres el único, algunos incluso pierden la fé en la existencia de estas habilidades, pero recuerda que estas habilidades existen, así como la luna, el sol, y otras maravillas de la naturaleza que nos rodean. Esta falta de progreso o pérdida de fé se da gracias a lo que llamamos bloqueos de energía. Antes de, o si ya te encuentras en esta situación, es necesario que aprendas sobre estos bloqueos, y es aún más importante que entiendas cómo te afectan en la liberación de tus habilidades psíquicas.

Para ayudarte a entender qué son estos bloqueos, debo recordarte lo que conllevan las habilidades psíquicas.

Retomaremos un concepto que estudiamos con anterioridad: la energía de la personalidad del alma. A veces consideramos nuestro cuerpo como lo único que nos mantiene con vida, pero nuestra verdadera esencia yace en nuestra alma. Estamos hechos de energía vibracional que nos une a nuestro ambiente.

. . .

Cuando somos niños, nuestra curiosidad, inocencia, apertura de mente, y pureza natural nos facilita esta conexión, pero a medida que crecemos perdemos el contacto con nuestras raíces psíquicas y reprogramamos nuestro cerebro para encajar en las expectativas sociales que últimamente destruyen esta conexión. Piensa en esta claridad como el parabrisas de un automóvil, si no lo lavas con frecuencia, el polvo se acumulará y eventualmente nublará el cristal que te permite ver con claridad

Si interpretamos esta metáfora, este polvo es el equivalente a un bloqueo de energía. Estos dificultan o incluso eliminan la posibilidad de acceder a tus dones psíquicos y espirituales. Si no te deshaces de ellos no podrás avanzar en el desarrollo de estos dones, o incluso usarlos en lo absoluto. En realidad, muchas personas sufren de estos bloqueos sin siquiera saberlo, y por ende nunca se dan cuenta de la presencia de sus habilidades psíquicas. No debes sentirte culpable, los bloqueos son naturales, y no te vuelven un fracaso, muchas cosas pueden causar estos bloqueos, pero las emociones son una de las más comunes. En otros individuos las dificultades físicas pueden ser causa de bloqueos energéticos.

Las emociones pueden afectar el flujo natural de la energía dentro de ti, y juegan un rol muy importante en nuestras experiencias de vida.

Las emociones positivas tienden a mejorar el flujo de energía ya que la incrementan, algunas energías positivas pueden incluir la alegría, felicidad, emoción, empatía, compasión, amor, esperanza, etc. Si inundas tu mente con energías positivas, atraerás a personas con una energía similar. Lo mismo ocurre con las emociones negativas. El miedo, ira, preocupación, odio, y la ansiedad desgastarán tu mente y tu voluntad.

Los humanos tenemos una habilidad natural para suprimir nuestras emociones. Hemos tenido que desarrollarla desde la infancia gracias a diferentes condiciones sociales. No nos damos cuenta de que suprimir estas emociones puede reducir nuestra habilidad para acceder a los dones psíquicos, estamos hechos para sentir, expresar, y vivir nuestras emociones. Cuando suprimes o reprimes tus emociones tu cuerpo se encarga de ocultarlas fuera de la vista, y eso puede convertirse en un bloqueo. A no ser que puedas dejarlas salir y eliminar el bloque puede incluso manifestarse como un padecimiento físico, los más conocidos son la ansiedad, el dolor, la migraña, dolor crónico, etc. Y aún más importante limita el acceso a tus habilidades psíquicas.

Estos bloqueos no son una regla absoluta, algunas personas pueden desarrollar sus habilidades sin enfrentarse con ellos en las primeras fases de su entrenamiento.

Pero en algún punto se detienen, y comienzan a preguntarse si han hecho algo mal. Puedes analizar la metáfora del parabrisas que expliqué anteriormente. Innatamente tenemos una vista clara de nuestro espíritu y alma, luego comienzas a adquirir conocimientos y experiencias que te llevan a formar creencias, ideas, y opiniones que pueden hacerte dudar de la existencia de tus habilidades. De la misma forma, existen personas a tu alrededor con parabrisas extremadamente sucios, no tienen memoria de lo que podían ver durante sus días de claridad, y estas personas intentarán deshacer tu fe y podrán significar un obstáculo para tu desarrollo espiritual. Al embarcarte en el camino del autodescubrimiento psíquico, te estás dando la tarea de limpiar el parabrisas que se ha ensuciado por años. Entre más entrenes, más clara será tu visión, y por ende tu espiritualidad. Pero recuerda que una limpieza no es una solución permanente, si descuidas el parabrisas de nuevo se empolvará otra vez. Lo mismo sucede con los bloqueos psíquicos, si no entrenas tus habilidades con constancia se pueden deteriorar, y eventualmente los bloqueos volverán a surgir.

Es natural que generes opiniones, emociones, e ideas sobre el mundo. Es parte de nuestro proceso cognitivo y naturaleza humana el creer comprender lo que nos rodea.

. . .

Lo haces con situaciones, experiencias, e incluso personas. A veces de manera consciente, y otras de manera inconsciente. Algunas experiencias te hacen sentir emociones de baja vibración, incluyendo el enojo, el miedo, la duda, la sospecha, el juicio, y otros sentimientos negativos. Los espíritus no pueden alinearse con emociones de baja vibración porque operan en un nivel mayor. Por ende, se les facilita alinearse con emociones como el amor, la felicidad, la alegría, y la fe, estas son emociones de alta vibración.

Así como existen diferentes habilidades extrasensoriales, también existen diferentes formas de bloqueos, dependiendo de dónde se localice es el nombre que recibe. Algunos son visibles y fáciles de encontrar, mientras que otros son un poco más discretos o poco comunes, así que se vuelven algo difíciles de identificar dentro de tu sistema. Primero nos adentraremos en los principales bloqueos y dónde pueden localizarse en tu sistema, después abordaremos cómo eliminarlos para poder acceder de nuevo a tus sentidos psíquicos.

Bloqueo de aura

Los bloqueos psíquicos surgen en el campo de las auras gracias a una distorsión de la energía.

Los bloqueos que se generan en las capas aurales son frecuentes, y suelen ocurrir porque la energía en ellas comienza a alentarse y atorarse, la energía de esta área está en constante movimiento, así que si tienes energías negativas infiltrándose dentro de ella puedes tener problemas. Algunos ejemplos son huellas y apegos como implantes o cordones etéricos. Cuando hay un bloqueo en el aura, puede aparecer con síntomas relacionados con la energía que causó el bloque o el lugar donde está situado.

Una de las mejores maneras de eliminar estos bloques en el campo aural es limpiar el aura, repararla, retirar los apegos, y afinar la frecuencia. También es importante darle mantenimiento a tu aura para mantenerla sana.

Bloqueo de chakras

Los chakras son parte de los componentes de energía que forman tu campo y cuerpos de energía. Esta fluye hacia tus adentro y afuera hacia tu cuerpo físico a través de los chakras. Existen siete chakras en el sistema, y cada uno tiene una función específica con su energía correspondiente, por ende, generan diferentes síntomas y representan diferentes bloqueos. Un solo bloqueo puede afectar todo el sistema de energía de los chakras. Además, no solo tienen repercusiones en tu campo de energía, también puede influir negativamente en tu salud mental y física.

Su efecto es tan dramático gracias a que un bloqueo en el sistema de energía evita que puedas recibirla y emitirla, reduce tu vibración, y vuelve imposible alinearte con tu espíritu. Para eliminar cualquier bloqueo en los chakras, necesitas aclarar, abrir, alinear, y balancear tus puntos de energía. Una vez liberados y balanceados se podrán mantener saludables.

Bloqueo emocional

Los bloqueos emocionales suceden en diferentes cuerpos energéticos al mismo tiempo, lo cual los vuelve un poco más complicados de deshacer que otros bloqueos.

Primero, es importante que sepas que el campo aural tiene diferentes capas, y la emocional es la localización primaria de los bloqueos emocionales. Esto tiene repercusiones secundarias en el sistema de energía de los chakras, especialmente el chakra sacro y los meridianos. Las capas aurales se extienden una sobre otra como una cebolla, es decir, la energía debe fluir a través de las superiores para llegar a las centrales; si una tiene un bloqueo las otras se verán faltas de energía, puede que estén liberadas pero la energía no podrá fluir hacia ellas gracias al bloqueo en la capa superior, y de esta forma tu cuerpo se verá afectado.

. . .

Puedes deshacerte de bloqueos emocionales al dejar salir la emoción que estés suprimiendo, sea tristeza, ira, rabia.

También puedes ayudarte de otros cuerpos de energía para llevar a cabo una limpieza emocional.

Bloqueo mental

Este ocurre dentro del cuerpo mental. Al ser otra de las capas aurales, cualquier bloqueo en este cuerpo afectará tu mente subconsciente. Es popularmente entendido que nuestra consciencia es la herramienta más importante que tenemos, sin embargo, la mente subconsciente procesa el noventa por ciento de la información que recibimos diariamente, incluso si no siempre puedes percatarte de ello. Gracias a su continuo funcionamiento, es normal que los bloqueos mentales sucedan en esta capa aural. Para saber por seguro si tienes este tipo de bloqueo debes monitorear tus pensamientos y observar de qué manera repercuten en tus sentimientos, acciones, y reacciones. Un bloqueo en esta zona puede llevar a un bloqueo en la capa mental. Así que debes prestarle atención a tu salud mental. Si te llenas de pensamientos negativos frecuentemente, puedes dañar tu sistema de energía.

. . .

La solución es deshacerte de estos pensamientos, romper el patrón, y desarrollar nuevos sentimientos positivos.

También debes deshacerte del bloqueo de tu capa mental y luego repararlo para ayudarlo a sanar.

Bloqueo de los meridianos

A muchos les gusta comparar el sistema de energía de nuestros cuerpos con un vasto río que fluye con intensidad. Siguiendo esta metáfora, los meridianos son riachuelos que llevan energía a los diferentes cuerpos en la capa física. Cada meridiano es único y cuenta con características y funciones especiales. Cuando ocurre un bloqueo de este tipo, termina afectando estas funciones.

Las emociones son una de las causas más comunes de un bloqueo en los meridianos, esto pasa cuando la energía emocional se acumula y termina atorando el meridiano.

Si ya te encuentras en un proceso de limpieza personal, puedes aprovechar para limpiar los meridianos, si tienes la oportunidad procura que sea lo más profundo posible.

. . .

Si quieres empezar, puedes afinar los meridianos al sanar y reparar tus fallas, de esta forma los mantendrás saludables.

Bloqueo espiritual

Este puede ocurrir en diferentes lugares, tienes que encontrar precisamente donde está situado para poderlo deshacer. Nuestro cuerpo espiritual es vulnerable a las energías, es decir, puede tomar energías externas en ocasiones. Estas energías con frecuencia incluyen imprentas, apegos, e implantes, y repercuten en el cuerpo espiritual gravemente, ya que generan una herida aural. Los bloqueos en los chakras y otras partes del sistema de energía también pueden tener consecuencias en el cuerpo espiritual. Esto significa que un bloque espiritual no necesariamente se encuentra en el cuerpo espiritual, sino puede encontrarse en otros cuerpos, es importante que primero encuentres la fuente del problema para poderlo resolver.

Bloqueo de relación

Las relaciones interpersonales también son fuentes importantes de energías negativas como estrés, ansiedad, y preocupación. Este bloqueo es uno de los más difíciles de acceder y liberar ya que comúnmente tienen diferentes ubicaciones dentro de tu campo de energía. Puedes llegar a experimentar un desequilibrio en el campo que tendrá una repercusión en los problemas interpersonales. Las dos ubicaciones más comunes de este tipo de bloqueo son el cuerpo emocional y el mental.

Bloqueo de vida pasada

Estos bloqueos pueden sonar como algo de ficción, ya que ocurren en realidades alternas, pero te afectan en una realidad actual. Este bloqueo viene de acciones que fueron realizadas por tus vidas pasadas. Son un tipo de bloqueo espiritual que típicamente incluye contratos de alma, conexiones familiares, memorias, y en el peor de los casos maldiciones. Para obtener el crecimiento espiritual que seguramente buscas en este camino de autoexploración, tienes que trabajar con eliminar los bloqueos de tus vidas pasadas. Debes de volverlo una prioridad, pero recuerda no perder de vista el objetivo, si te obsesionas demasiado con tus vidas pasadas puede que te veas envuelto en un bloqueo mental en su lugar. Independientemente de su fuente, lo mejor que puedes hacer es trabajar con los problemas que se presenten en tu realidad actual.

. . .

Ahora que ya conoces los diferentes tipos de bloqueos, donde encontrarlos, y qué efectos tienen en tu sistema de energía debes aprender a cómo deshacerte de ellos. No es lo más complicado del mundo, es un proceso con una serie de pasos diseñados para lograr el objetivo de limpieza. Pero primero, es importante identificar cuando debes realizar estas limpiezas, aquí hay un par de señales que te pueden indicar el comienzo de un bloqueo:

- Pensamientos negativos constantes
- Tendencias autodestructivas
- Ansiedad y estrés
- Sentimiento letárgico y apático
- Falta de energía
- Sentimiento de estar atorado o restringido
- Sentimientos y comportamientos erráticos o inestables
- Indecisión
- Falta de motivación y dirección

Estas son maneras en las que se presentan los bloqueos en el cuerpo gracias a la fluencia de energías negativas y falta de movilidad del flujo de energía.

Cómo liberar un bloqueo emocional

. . .

La meditación es una de las técnicas más efectivas para liberar cualquier bloqueo emocional. Sin embargo, debes entender que la meditación no solo es sentarse con la mente en blanco, existe un proceso detrás de ella que debes realizar para poder limpiar tus cuerpos de energía y liberarte del bloqueo. A continuación, veremos más a profundidad este proceso.

Existen cinco pasos en el proceso de meditación, pero primero debes encontrar el lugar indicado. La meditación es un acto personal y muy íntimo, es la oportunidad de conectarte contigo mismo. Elige una locación donde puedas llevar a cabo el ejercicio sin interrupciones o molestias. Siéntate de una manera que parezca cómoda pero que sea estable, con la espalda recta y la barbilla hacia arriba. Puedes usar una silla o el piso si así lo prefieres. Relájate y cierra tus ojos. Por al menos un minuto simplemente siéntate en esa posición y concéntrate en tu respiración. Puedes recitar un mantra mientras te encuentras en esta posición y empiezas a aflojar los bloqueos emocionales.

Identifica la emoción

El primer paso es definir el origen de la emoción que está repercutiendo en tu sistema de energía.

Con tus ojos cerrados, explora las experiencias que hayan podido generar un sentimiento negativo o una reacción adversa. Puede ser una discusión que hayas tenido con tu madre, o una situación estresante en el trabajo, o el resentimiento que tienes por la ex pareja que te traicionó. Concéntrate en el primer incidente que se te venga a la mente, trata de recordar los detalles con la mayor exactitud posible, debes de ser un espectador en lugar del personaje principal. Debes tener una perspectiva externa de la situación. Al hacer esto, puedes observar la emoción que se presentó en ti durante el incidente. Identifica el sentimiento exacto que experimentaste, nómbralo, ¿enojo? ¿ira? ¿desolación? Sé específico y preciso, evita emociones generales.

Vuélvete consciente de la experiencia

Es momento de que empieces a llevar tu atención lejos de la etiqueta que le colocaste a tu emoción, ahora concéntrate en tu cuerpo físico, ¿qué sensaciones estás teniendo?

El cuerpo también siente nuestras emociones, a través de náuseas, llanto, calor, frío, presta atención a las sensaciones que tu cuerpo obtiene de ellas. La combinación del sentimiento que etiquetaste en tu mente y las sensaciones físicas es lo que componen la emoción.

No puedes separar una de la otra porque las emociones son parte del proceso cognitivo y una experiencia física por sí mismos. Por esto también son llamados sentimientos, ya que puedes sentirlos mientras los experimentas. Presta atención a tu cuerpo y lo que sientes cuando recuerdas la experiencia, cada área tendrá una sensación distinta, más caliente o más fría, presión o ligereza, en tu estómago, tu garganta, la cuenca de tus ojos. Cualquier lugar que esté teniendo una reacción sensorial indica la presencia de la emoción suprimida y causante del bloqueo.

Expresa la emoción

Ya has identificado el origen, definido la emoción, y entendido las áreas donde se encuentra principalmente el bloqueo. Ahora debes expresar la emoción que está generando el conflicto dentro de ti, coloca tu mano en la parte del cuerpo donde tienes la sensación más intensa, es el lugar donde se genera el bloqueo, mueve tu mano alrededor de los diferentes puntos hasta que los hayas cubierto todos. En cada uno, date un momento para decir "aquí siento dolor", hazlo en voz alta y con humildad.

Expresar tu incomodidad física significa que una parte de ti está fuera de balance, física, mental, y espiritualmente.

Para tu cuerpo es importante que este balance exista, pero no le es posible restaurarlo por sí mismo.

Acepta tu responsabilidad

Una de las principales razones por las cuales los seres humanos reprimimos nuestras emociones es porque no podemos aceptar la responsabilidad de sentir esa emoción, más comúnmente este fenómeno se da por las connotaciones negativas que se asocian con dicha emoción. Por ejemplo, la tristeza es una emoción popularmente conocida por ser negativa, pero en realidad es una emoción, y depende de la reacción que tengas ante ella lo que la vuelve positiva o negativa. Hazte responsable por los sentimientos que bloquean tu cuerpo, acepta que la experiencia no puede suceder en ningún otro lado más allá de tu cuerpo físico. Tú controlas la emoción, no ella te controla a ti. Realizar este ejercicio de aceptación representa el reconocimiento de tu propio poder y control sobre los fenómenos emocionales; si no puedes aceptar tu responsabilidad, no podrás deshacer el bloqueo en tu cuerpo.

Deja salir la emoción

. . .

Una vez aceptado el rol que juegas en la represión de tus emociones, estarás en condiciones de dejar salir aquella que te está causando líos. Presta atención a las partes del cuerpo donde las emociones están siendo suprimidas. Con cada respiración, deposita tu intención para liberar esa emoción. Cada vez que inhales repite tu intención para liberarte de ella. Poco a poco sentirás la tensión reducirse sobre tu cuerpo, y la relajación comenzará a apoderarse de esas áreas adoloridas. Si te ayuda, puedes hacer que tus intenciones sean vocales, recita mantras o haz sonidos que te ayuden a calmarte y deshacerte de la contracción.

Una vez que hayas completado este proceso, te habrás liberado del bloqueo o los bloqueos afectando tu campo de energía, de la misma forma podrás volver a tener acceso a tus habilidades psíquicas. Si al terminar este libro decides no seguir con tu crecimiento psíquico, aún así no te olvides de esta técnica; puedes utilizarla para fomentar tu salud emocional y mental, independientemente si deseas acceder a tus poderes psíquicos o no. Hacer esto con cotidianidad o como práctica espiritual también prevendrá futuros bloqueos.

Otras formas de deshacer bloqueos psíquicos

. . .

Además del ejercicio de meditación, hay otras técnicas y ejercicios que pueden ayudarte a dejar salir y liberar estos bloqueos, sin importar el tipo:

- **Limpieza fuentes de energía externas:** En secciones anteriores mencionamos cómo el cuerpo de energía es sensible a energías externas y tiene la costumbre de recopilarlas incluso sin nuestro conocimiento, lo mismo pasa con los campos de otros individuos. Las fuentes de energía son abiertas, así que personas externas pueden tomar un poco de la tuya, esta repartición de poder puede hacer que tu campo aural se reduzca y quede vulnerable a energías externas, es como si se enfermara a causa de virus y bacterias externas. En ocasiones otras energías entran en el cuerpo aural y se adhieren a ella. Esto puede ser muy incómodo para ti porque la energía extraña difiere de la tuya propia, y puede causar heridas, fugas, y energía errática en tus capas aurales, y puede incluso apagar tu sistema de energía. Este es el peor escenario, ya que bloqueará tu conexión espiritual también. Limpiar tu campo de energía de energías externas es la manera más efectiva de liberar y prevenir bloqueos psíquicos.
- **Remover los ganchos:** Los ganchos reciben este nombre porque se sienten como pesos

enganchados a tu campo de energía. Estos se forman en tu campo de energía cuando tienes luchas de poder con otras personas, invaden tu campo de energía, como las energías externas también pueden generar heridas, fugas, y bloqueos. Remover los ganchos es una parte importante para tu conocimiento espiritual.

- **Cortar cordones:** Estos cordones son sogas que amarran tu energía con energías externas después de pasar demasiado tiempo con personas negativas. Estos amarres disminuyen tus vibraciones hasta su menor frecuencia, lo que perjudica tu conexión espiritual interna y con entes externos también. Cuando un cordón une tu campo de energía con aquel de una persona negativa es lo mejor deshacerse de ese puente lo más rápido posible. Un canal de conexión entre dos fuentes diferentes de energía puede causar inestabilidad, y aún peor cuando una de las fuentes no tiene energías positivas o beneficiosas para tu campo.
- **Limpia los chakras:** Puede que esta no sea una técnica nueva, la hemos mencionado antes, pero es importante que recuerdes la relevancia del sistema de chakras. Deben mantenerse abiertos y limpios, incluso si el bloqueo solo está afectando a un chakra debes abrirlos todos, de otra forma la energía no podrá fluir debidamente y tu campo estará

fuera de balance. Es esencial que vuelvas la limpieza de tus chakras un evento rutinario para poder mantener tu vida en balance. El sistema de energía de los chakras también tiene conexiones específicas con los órganos vitales, así que mantenerlos limpios debe ser un interés sin importar tu interés en las habilidades físicas.

- **Utiliza cristales:** Existen diferentes tipos de piedras preciosas que tienen propiedades sanadoras y limpiadoras. Esto significa que pueden ser de ayuda para alinear chakras, eliminar bloqueos, y reparar heridas y fugas que se hayan creado en la capa aural u otros lugares del campo de energía. Pueden ayudarte a expulsar energía negativa y mejorar el flujo de energía en tu campo. Coloca los cristales en tus chakras y haz un ejercicio de visualización para limpiar el bloqueo y restaurar el flujo.
- **Sanación con reiki:** El reiki es una técnica de manejo de energía con propiedades curativas para el campo aural. Puede ser de ayuda para sanar heridas, reparar fugas, y restaurar los cuerpos del campo de energía. Esta técnica necesita a un maestro sanador de reiki, aunque puede ser realizado por una persona en su propio cuerpo. Es una técnica sencilla que conlleva utilizar la mano como

instrumento de sanación, colócala unos centímetros alejada de tu aura y mueve tu mano a lo largo de los puntos más importantes.

- **Consulta espíritu guía:** La última estrategia que tengo para ti es contactar a tu espíritu guía para que pueda ayudarte con los bloqueos psíquicos. Esto solo es posible si te has puesto en contacto con él antes. Si no has tenido esta oportunidad, puedes designar un horario específico al día para intentar ponerte en contacto. Utiliza la meditación para fortalecer tu conexión espiritual y contactar a tu espíritu guía.

Después de que hayas podido deshacerte de todos tus bloqueos psíquicos podrás continuar calmadamente con los ejercicios y prácticas descritas arriba para mantener tu campo de energía, aura, chakra, meridianos, y otras partes del sistema limpios y andando con fluidez. Necesitas mantener la conexión con tu espíritu para no darte por vencido en tu camino de autodescubrimiento psíquico. Crea una rutina diaria de meditación, asigna un horario específico para fortalecer tu conexión, se estricto contigo mismo y genera este hábito para ti mismo para mantener tu perseverancia.

. . .

Además, no seas duro contigo mismo. Es necesario que te des afirmaciones positivas cuando realices tus actividades.

Esto evitará que tu energía se torne negativa. Mantener una dieta balanceada y libre de conservadores puede ayudar a restaurar tu energía vital. La naturaleza también cuenta con sus propios campos de energía, esto también se refiere a los productos naturales que consumimos como las frutas y las verduras. Procura consumir alimentos orgánicos y sin conservadoras que puedan intoxicar tu campo de energía. Como último consejo pasa tiempo en la naturaleza. Los seres humanos no somos más que parte de un ecosistema de energía que proviene de la madre tierra. La naturaleza tiene propiedades sanadoras y vibraciones curativas que pueden ser beneficiosas para la afinación de tus canales y campo de energía.

5

Activar el tercer ojo y la conciencia plena

El tercer ojo es una fuente poderosa del instinto. Cada vez que cambies de dirección sin ninguna razón. Cuando tienes una corazonada sobre qué decisión tomar. Siempre que sabes quién está detrás de la puerta cuando llaman a ella. Cuando conoces a una nueva persona e instintivamente sabes que será muy importante en tu vida. Todas las experiencias intuitivas están conectadas con el tercer ojo. A medida que avances en tu proceso espiritual, te darás cuenta de ello eventualmente. Entre más abierto se encuentre el tercer ojo, más fuerte y acertado se volverá tu instinto. Si se entrena lo suficiente, puedes incluso predecir cosas que aún no han sucedido.

Despertar el tercer ojo es la clave para alcanzar una conciencia plena.

. . .

Una vez abierto serás capaz de entender lo que se encuentra dentro de ti y todo lo que te rodea. Ahora, la apertura del tercer ojo no es algo sencillo de conseguir, es un proceso arduo que requiere dedicación y disciplina para poder liberarlo por completo. El tiempo dependerá del esfuerzo que le dediques a tu práctica.

En tercer ojo se encuentra en el centro de la frente, un poco más arriba de tus cejas. Es la fuente de la imaginación, la intuición, y la sabiduría interna. No puedes verlo físicamente, ya que es el ojo de tu energía espiritual, está hecho de energía y conectado con el chakra del tercer ojo, también está conectado a la glándula pineal que es responsable de sus habilidades intuitivas. Para activarlo necesitas activar la glándula pineal. Para discutir sobre la conciencia humana es necesario mencionar el rol que juega la glándula en ella. Esta es la base de la conciencia humana, y sin ella no puedes acceder a tu potencial psíquico pleno. Ahondaremos en esta relación un poco más, ya que debes entender las repercusiones que tienen en tus habilidades clarividentes.

La glándula pineal se encuentra en el centro de tu cerebro, directamente detrás de tus ojos. Es del tamaño de un frijol y con la forma de una piña de pino color rojo grisáceo.

. . .

Por muchos años fue la herramienta vital de los hechiceros y otros místicos, pero en la actualidad se ha vuelto pasiva y su verdadero propósito se ha perdido a través de los años. La conciencia es la conexión entre el cuerpo y el espíritu. Esto vuelve a la glándula pineal la herramienta principal para la generación de este vínculo.

El sistema de chakras es el canal de energía dentro de nuestro cuerpo físico, y también tiene el control de las habilidades espirituales. Son un sistema de interconectado que distribuye la energía alrededor del cuerpo efectivamente, y la mantienen limpia y en balance, de manera similar en la que nuestro corazón bombea la sangre en nuestro cuerpo y pasa por los diferentes órganos para filtrarla, limpiarla, y repetir el ciclo. Si una parte del sistema se encuentra estancado, afectará a todo tu cuerpo.

Puede incluso causar enfermedades, ansiedad, y depresión. El centro de energía de tu cuerpo físico se localiza en los chakras, y tus órganos a lo largo de tu cuerpo.

Existe una correlación importante entre los órganos y los chakras, los órganos controlan la posición del chakra, incluso si el punto de energía no está situado justamente sobre el órgano.

. . .

Por ejemplo, el chakra del corazón se encuentra en el centro de tu pecho, sin embargo, sabemos que anatómicamente el corazón tiene una ligera inclinación a la izquierda.

En el sistema de chakras hindi, la glándula pineal es llamada el chakra Ajna, este es el nombre hindú para el tercer ojo. Para las tradiciones esotéricas, es la conexión entre los humanos y el espíritu, espacio que existe entre un individuo y lo divino, lo que te mueve a través de todas tus experiencias. Un tercer ojo despierto y saludable es la principal fuente de energía etérea, y su importancia va más allá de sus propiedades físicas, su influencia y la manera en la que afecta nuestro camino espiritual es trascendente. Abrir tu tercer ojo es la clave a todas las habilidades físicas incluida la clarividencia, telepatía, proyección astral, mediumnidad, y los sueños lúcidos. Por supuesto también se encuentran incluidas todas las habilidades que hemos visto a lo largo de este libro.

Su apertura es importante y puede traer grandes beneficios. Uno de los beneficios más importantes y útiles es el acceso a tu sabiduría interna. El conocimiento de tu persona y el dominio emocional dependen de la salud de tu tercer ojo. Una vez que lo abras te darás cuenta de la inteligencia, habilidad, y sabiduría que siempre estuvieron dentro de ti.

Con esto, te alentarás a continuar el camino espiritual que habías empezado y fomentarás la salud de tu ojo psíquico, así obtendrás cada vez más beneficios.

El tercer ojo también es beneficioso para la salud física, incluso puede ayudar a restaurarla a su máxima capacidad. Si quieres gozar de buena salud, la apertura del tercer ojo puede ser una herramienta importante. No es un substituto para una dieta balanceada rica en alimentos orgánicos y ejercicio constante, recuerda que nuestros cuerpos y lo que consumimos están llenos de energía, y esta energía positiva es necesaria para la apertura del tercer ojo. Pero sí puede ayudarte en áreas donde quizá los alimentos no juegan un rol tan importante, todos queremos vivir una vida sin miedo, preocupaciones, o ansiedades. Si liberas tus habilidades físicas y afinas tu intuición lo suficiente, puedes ayudar a reducir la cantidad de energías negativas a tu alrededor al desprenderte de personas tóxicas, evitar situaciones agraviantes, y tomar decisiones más fácilmente.

La apertura del tercer ojo requiere disciplina y esfuerzo.

Una rutina de meditación es necesaria; la meditación puede hacerte cambiar el patrón de pensamiento y ataca las energías negativas desde la raíz.

Así que puedes usar la meditación para reprogramar tu proceso cognitivo y tener un patrón de pensamientos que te beneficie en lugar de que te afecte. Te ayudará a organizar tu vida de la manera que quieras. Los pensamientos positivos atraen cosas positivas. Un patrón de pensamientos positivos puede ayudarte a incrementar tu vibración y así sacar el mejor provecho de tus habilidades físicas y el mundo espiritual. Estos recursos te brindarán ventajas para tu salud mental, espiritual, física, y emocional. Podrás acceder a entes espirituales que te ayudarán a formar mejores relaciones en todos los aspectos.

Todos los seres humanos tenemos la curiosidad de saber que pasará en nuestras vidas, si seremos felices, si encontraremos el amor, si triunfaremos en lo que queremos. No tienes porqué preocuparte por ello, este conocimiento llegará a ti cuando logres activar tu tercer ojo. El conocimiento ya está dentro de ti, solo tienes que aprender cómo acceder a él y tener las herramientas necesarias para ello. Con la apertura de tu tercer ojo podrás acceder a los bancos de información y ver el mundo desde una nueva perspectiva, creerás que todo es posible si te lo propones.

Fallarás varias veces en tus intentos por despertarlo, no debes preocuparte, significa que se encuentra bloqueado.

. . .

Un tercer ojo bloqueado obstruye el acceso a tu intuición, imaginación, y sabiduría infinita, te sientes perdido y falto de dirección, tu energía no fluye como debe y pueden existir bloqueos en tu campo de energía, la apatía y la infelicidad se apoderan de ti, y te vuelves sordo a la voz de tu sabiduría interior. Pierdes tu instinto, la conexión con tu espíritu, y tu percepción de la vida puede verse afectada.

El tercer ojo también controla tus funciones neurológicas, así que notarás la pérdida de habilidad motriz gracias al bloqueo. El cuerpo puede no regular los ciclos de sueños correctamente, el balance metabólico, o tener dificultad para luchar contra infecciones. Te enfermarás con más frecuencia y puedes desarrollar trastornos como el insomnio o presión alta crónica. Algunas señales que indican un tercer ojo bloqueado son:

- Mente cerrada
- Falta de dirección
- Pérdida de la imaginación
- Negación
- Visión reducida
- Poca capacidad retentiva

En otras ocasiones, el tercer ojo no se encuentra saludable, sin embargo, no hay presencia de un bloqueo, por el contrario, se encuentra sobreactivado.

Esto puede llevar a otras complicaciones emocionales. Las señales de que hay actividad extra en el tercer ojo pueden ser:

- Obsesión con la visión psíquica
- Alucinaciones
- Paranoia
- Poca habilidad para concentrarse
- Pesadillas
- Periodos disociativos
- Incremento del escepticismo
- Sueños lúcidos

Cuando notes el bloqueo es importante que te deshagas de él lo más rápido posible. Puede ser un proceso largo, pero entre más pronto lo inicies más pronto llegarás a la meta. Si sigues los pasos adecuados podrás desbloquearlo a su máxima capacidad. Los tres aspectos principales que debes procurar para la apertura de tu tercer ojo son: alimento, afirmaciones, técnicas de meditación.

Alimentos para el tercer ojo

No, no hablamos de aspectos como la meditación o los pensamientos positivos, se refiere a alimentos tangibles y nutritivos.

La comida que ingieras tiene un impacto significativo en la salud de tu tercer ojo, así como su apertura. Es necesaria una dieta específica para aumentar tus habilidades intuitivas y perceptivas. Tu tercer ojo se beneficia de alimento que es beneficioso para el cerebro, especialmente aquellas que tienen una paleta de colores azul. El pigmento de este color representa todos los sueños, ideas, valores, y conexiones del universo. A continuación, te enlistaré algunos alimentos que puedes consumir para estimular la apertura de tu tercer ojo. Estos alimentos no son nada del otro mundo, e incluirlos a tu dieta te aseguro podrá tener beneficios más allá del aspecto psíquico:

- **Mora azul, zarzamora, y frutos azules:** Estos alimentos son ricos en antioxidantes, la coloración indica la presencia de flavonoides, particularmente el resveratrol que fomenta el control de la presión sanguínea y la circulación. Los antioxidantes ayudan al sistema circulatorio relajando las arterias, esto promueve una circulación sana y benefician a tu glándula pineal.
- **Ciruelas y ciruelas pasa:** Contienen otro tipo de antioxidantes llamados fenoles. Estos pueden neutralizar agentes dañinos que quieran llevar a las neuronas y moléculas cerebrales. La glándula pineal se encuentra en el centro del cerebro, así que la salud general

de este órgano es importante para que la glándula trabaje óptimamente.

- **Col morada, kale morado, cebollas moradas, y berenjenas:** Fomentan la reducción de inflamación en el cuerpo gracias a un componente llamado polifenol.
- **Pescados, nueces, y linaza:** Aunque no entran en la categoría de frutas y verduras, y tampoco presentan pigmentación morada, estos alimentos aportan omega 3, una vitamina importante para la nutrición del cerebro que reduce el riesgo de depresión, esquizofrenia, Alzheimer, y dislexia.
- **Chocolate amargo:** Este se ha comprobado tener beneficios para la capacidad mental. Estimula la producción de serotonina, una de las hormonas responsables de la felicidad en el cerebro y que además aumenta la capacidad de concentración. Es importante que busques un chocolate artesanal o con una cantidad importante de cacao. Los chocolates amargos comerciales tienen un exceso de azúcar que últimamente hará más mal que bien.

Los centros de energía de tu tercer ojo regulan las funciones de tu cerebro, ojos, orejas, nariz, y tu sistema neurológico. Un buen sistema de circulación es crítico para estas áreas vitales y que además ayudan a mantener tu sistema de energía en balance.

Síntomas como las migrañas, mareos, depresión, vista cansada, insomnio, y alucinaciones pueden ser indicadores de la necesidad de una dieta más balanceada y baja en azúcares refinadas. La próxima vez que rellenes tu refrigerador, proponte a tener variedades de alimentos púrpura entre tus compras.

Afirmaciones para el tercer ojo

Los seres humanos somos complejos, la satisfacción de las necesidades básicas ya no es suficiente para asegurar nuestra salud y óptimo funcionamiento. Las afirmaciones positivas y otros tipos de retroalimentación pueden ser maneras efectivas de mantener un tercer ojo abierto y balanceado. Las puedes integrar a tus rutinas diarias de meditación o llevarlas a cabo durante el día. Esto mantendrá tu tercer ojo libre de bloqueos y otros desbalances que puedan afectarlo. Escribe las afirmaciones en un diario y repítelas todos los días, o durante tus sesiones de meditación, o donde más te sea conveniente, lo importante es que se vuelva un hábito constante para que pueda dar resultados. Te daré una lista de afirmaciones comunes que pueden beneficiarte y ayudarte a afinar tu instinto y sabiduría interna:

- Soy intuitivo, sabio, y alineado con mi sabiduría interna

- Estor conectado con mi sabiduría interna y una consciencia superior
- Confío en el poder de mi intuición
- Busco aprender de la gran sabiduría de mi ser superior
- Estoy alineado con la sabiduría infinita de lo divino
- Veo y actúo como lo indica mi propósito divino
- Estoy abierto a la sabiduría y guía profunda
- Mi capacidad de tener alegría, felicidad, y curación es imparable
- Dejo ir mi pasado
- Le doy la bienvenida a nueva energía, nuevos lugares, nuevas personas, y nuevas experiencias
- Soy un ser iluminado por la luz de mi mente superior
- Soy la fuente de amor, alegría, y verdad en mi vida

Si estas no se adecúan a tu visión de tu ser superior, puedes escribir afirmaciones para ti mismo, personalízalas de manera que te sientas cómodo recitándolos y se alineen con las metas personas que tienes para tu vida psíquica y tu tercer ojo. Sigue la estructura de las afirmaciones que te puse de ejemplo, de esta manera puedes redirigirlas a áreas específicas de tu vida. Por ejemplo, puedes decir "Dejo ir el dolor de mis relaciones pasadas.

Permito la llegada del amor y alegría al lado de un escogido por mi sabiduría divina". Recita tus afirmaciones al menos dos veces al día además de tu sesión de meditación programada.

Técnicas de meditación para la apertura del tercer ojo

La meditación es una de las herramientas más importantes para fortalecer las habilidades físicas, debe ser tu primer recurso cuando tengas la necesidad de incrementarlas. Es efectiva, rápida, y beneficiosa para la apertura del tercer ojo. Existe una gran variedad de técnicas, unas más complejas que otras, así que te guiaré a través de las más directas y sencillas. Están diseñadas para principiantes y expertos, así que no debes sentirte nervioso si nunca has realizado una sesión de meditación antes. La primera técnica es buena para empezar:

1. Encuentra un lugar tranquilo para meditar. Evita las interrupciones, apaga tu teléfono, computadora, o cualquier otro objeto que pueda requerir tu atención. Si estás utilizando una aplicación para guiar o monitorear tu meditación procura tener el dispositivo alejado de ti para evitar la tentación de tomarlo a la mitad de la sesión.

2. Siéntate en una posición cómoda, sea en silla o en el suelo, que sea firme y estable.
3. Respira lentamente al menos diez veces. Inhala y exhala a una velocidad conveniente, no te agites ni te prives de aire.
4. Dirige tu atención al espacio entre tus cejas, donde se encuentra localizado tu tercer ojo. Concéntrate en este punto mientras respiras.
5. En este momento debes empezar a visualizar un centro de energía entre tus cejas, este es el color predominante del tercer ojo, no cambies su color durante el ejercicio.
6. Continúa respirando, con cara inhalación y exhalación imagina que este centro de energía se expande paulatinamente, crece y se siente más caliente cada vez.
7. Imagina que se purga de todas las energías negativas que tiene dentro.
8. Visualízate absorbiendo la energía que te provee, siente como te llenas de este calor.
9. Cuando sientas que has logrado absorber toda la energía, abre tus ojos.

Este ejercicio es sencillo y fácil de incorporar a tu sesión diaria, no debe durar más de 10 o 15 minutos, pero si decides alargar el ejercicio puedes visualizar diferentes puntos de tu cuerpo donde quieras purgar energía, puedes usar como referencia tus chakras, o lugares específicos donde sientas tensión o dolor.

La siguiente técnica proviene del yoga, es necesario que tomes las instrucciones al pie de la letra, de lo contrario podrías tener resultados adversos. Esta técnica es un poco más larga, te tomará alrededor de 30 minutos, si requiere más tiempo puede llegar hasta los 60 minutos:

1. Encuentra un lugar tranquilo para meditar. Este es el primer paso en todas las técnicas.
2. Inhala por tu nariz. Retén la respiración por un momento y luego exhala por la boca.
3. Relaja el rostro mientras continúas respirando. Siente como la relajación toma control de tu cuerpo.
4. Continúa relajándote paulatinamente.
5. De nuevo, concéntrate en la parte media de tu frente. Siente la energía del tercer ojo surgir con más intensidad entre más te concentres en ese punto. Visualiza la luz morada que irradia.
6. Imagina una fuente de luz que suelta rayos morados en todas direcciones.
7. Deja salir la energía, pensamientos, y sentimientos negativos por esa vía, siente como salen a través de los rayos de luz.
8. Continúa con la relajación de tu rostro y cuerpo.
9. Imagina que esta esfera de luz comienza a abrirse. Observa lo que irradia.
10. Vuélvete consciente de las sensaciones que se

generaran en tu cuerpo a medida que se torna más ligero.
11. Permite que el tercer ojo se abra mientras te relajas y te vuelves más liviano.
12. Pídele a los Divinos que dejen caer luz blanca pura sobre ti, que llene cada parte de tu cuerpo y tus alrededores
13. Toma tu tiempo para sentir esta luz antes de abrir tus ojos.

Sigue estas instrucciones con cuidado y diligentemente.

La técnica tratak o trataka

Este es otro tipo de meditación especializada para el tercer ojo. Consiste en concentrar toda tu consciencia en él para entrar un estado meditativo instantáneo, es importante que te encuentres en un lugar calmado y solitario, no es recomendable hacerlo en el transporte público o en momentos caóticos a tu alrededor:

1. Asume la posición de loto (piernas cruzadas una sobre la otra, si se te complica puedes sentarte con las piernas cruzadas como normalmente lo harías). Si esta posición es

incómoda, puedes sentarte en tu silla predilecta.

2. Siéntate con la espalda recta y cierra los ojos.
3. Comienza a respirar lentamente. Hazlo tres veces.
4. Concéntrate en el centro de tu frente.
5. Con tus ojos cerrados, gira los ojos 25 grados hacia arriba, más o menos a la mitad de tu párpado.
6. Cuenta del cien al uno lentamente.
7. No muevas los ojos mientras cuentas, mantén la concentración.
8. Sentirás un cansancio ligero en los ojos, pero no será molesto. Si es doloroso lo más probable es que tus ojos estén demasiado hacia arriba, bájalos ligeramente y vuelve a empezar.
9. A medida que te acerques a los últimos números de tu conteo sentirás algo extraño en el lugar donde se encuentra tu tercer ojo. No es necesario que lo describas o lo entiendas, solo mantén la concentración en ese punto.
10. Eventualmente tendrás la sensación de que puedes ver tus pensamientos, como si pudieras verlos físicamente.
11. Dejarán de moverse después de unos segundos. Podrás verlos con claridad, casi como si estuvieras en un trance o sueño.

12. Mantente en este estado por al menos 10 minutos.
13. Después, continúa respirando para volver a tu estado natural. Relaja los ojos y permite que regresen a su posición inicial, divierte tu atención del lugar donde se encuentra tu tercer ojo.
14. Quédate quieto por un par de minutos. Permite que tus ojos se relajen por completo e inhala y exhala tres veces más.
15. Lentamente abre tus ojos y retoma tus actividades.

Has terminado un proceso de meditación importante y efectivo para fortalecer la energía de tu tercer ojo, además de que funciona como ejercicio para tus ojos físicos, los estimula y protege de daños internos. Practica esta meditación dos veces al día, en la mañana y en la noche, para desarrollar tu intuición.

Advertencia: Recuerda que esta técnica es sensible, se concentra en un aspecto de tus cuerpos energéticos. Cuando medites notarás que en ocasiones el centro de tu frente se calentará, si esto sucede interrumpe la meditación y continúa en otra ocasión.

. . .

Si eres disciplinado y constante comenzarás a ver beneficios y apertura de tu tercer ojo en un corto periodo.

Sin embargo, puede que estas señales no se presenten como las esperarías, por ende, te daré un listado de características que puedes presentar durante el inicio de la apertura de tu ojo psíquico:

- **Entumecimiento:** Puede que empieces a sentir un cosquilleo o entumecimiento en la mitad de tu frente, esto se genera cuando el tercer ojo se abre gracias a que tu consciencia se está expandiendo. Se puede sentir como que alguien está tocando ese centro o como un calor que se reparte alrededor de esa área. Es una sensación que aparece al azar y no necesariamente mientras estás haciendo el ejercicio de meditación.
- **Incremento en tu intuición:** Este es uno de los signos más aparentes del despertar, lo notarás en todos lados incluso sin estar pendiente de ello. Tus habilidades intuitivas mejorarán. Estas aparecen en momentos que no esperas, pero aún así notarás el cambio una vez que tu ojo se encuentre abierto, no tendrás momentos intuitivos al azar, si no que sentirás como esta te guía a través de tus decisiones, caminos, y tu vida en general. No la ignores, acéptala como es y permite que te guíe con su infinita sabiduría.

- **Sensibilidad a la luz y el color:** Este proceso puede ser sutil, no te volverás alérgico al sol de la noche a la mañana, pero sí notarás un cambio. Esta sensibilidad indica que tus instintos están agudizándose para poder lograr la consciencia plena. Te volverás más consciente de tus alrededores gracias al despertar de tu tercer ojo.
- **Cambio gradual:** No todos los indicadores suceden de manera repentina o al azar. Tu nueva habilidad y herramienta te ayudará a obtener una nueva y más profunda perspectiva de la vida y el universo. Naturalmente comenzarás a hacer cambios gracias a esta nueva perspectiva y llevará a modificaciones en tus relaciones, estilo de vida, e incluso tu personalidad. Estos cambios son graduales pero beneficiosos para tu vida, así que acéptalos con alegría cuando lleguen. También cambiará tu forma de interactuar con el mundo, tu trato hacia las personas, animales, la naturaleza, etc. cambiará, puede que te vuelvas más tolerante y amable.
- **Dolores de cabeza frecuentes:** Un tercer ojo abierto llevará a dolores de cabeza. Esta presión sucede gracias a una sobrecarga de energía en tu cerebro, esta se da gracias a la apertura del tercer ojo, puedes usar esta energía para meditar o realizar otras

actividades que te interesen. La presencia de dolores de cabeza indica que la glándula pineal se está activando paulatinamente.

A medida que tu tercer ojo se abre gracias a los ejercicios de meditación tendrás algunas experiencias bizarras.

Debes de tener cuidado o estas experiencias podrían abrumarte y generar energías negativas que puedan generar bloqueos y entorpecer tus habilidades. Trata de tener planes para solucionar estas situaciones:

- **Falta de sueño:** Te sentirás más cansado de lo normal. La apertura del tercer ojo conlleva la presencia de sueños y pesadillas lúcidas. Esto puede afectar tu descanso y mantenerte despierto. Esto llevará a condiciones crónicas como fatiga y cansancio. Incluso durante el día puedes tener memorias vívidas de tus pesadillas. Para evitar eso medita todas las noches antes de ir a dormir, te purgarás de energías y sentimientos negativos que puedan afectar tus sueños o generar imágenes abrumadoras. También puedes llevar un diario de sueños para identificar patrones o símbolos que se repitan en ellos. Una vez que entiendas el mensaje que tu tercer ojo te quiere comunicar tus sueños serán menos intensos y recurrentes.

- **Proyección o viaje astral:** Esta es una experiencia única en su tipo, incluso les ocurre ocasionalmente a personas sin ningún entrenamiento psíquico. Una proyección astral se da cuando tu cuerpo astral se desprende de tu cuerpo físico para explorar el mundo, no importa el lugar del universo al que quiera ir, incluidos otros planos superiores. Entre más fortaleza tenga tu tercer ojo, más frecuentes serán tus experiencias de viajes astrales. Puede ser una experiencia aterradora si es la primera vez que te ocurre. Por ello, es importante que sepas que los clichés que has visto en las películas son falsos, y no existe la posibilidad de que no puedas volver a tu cuerpo. Los viajes astrales no son peligrosos por sí mismos, y son una señal que has desarrollado un fuerte poder psíquico.

En resumen, para que puedas mantener un tercer ojo sano y abierto debes de mantener una vida estructurada e igualmente balanceada, recuerda:

- Meditar al menos 10 minutos por las mañanas y las noches.
- Utilizar aceites esenciales para estimular tus puntos de energía.

- Duerme al menos 8 horas al día.
- Come comida nutritiva y que estimulen la apertura del tercer ojo.
- Recita afirmaciones positivas todas las mañanas y noches.

6

Cómo usar tus habilidades para leer la energía a tu alrededor

Todo lo que se encuentra en el universo está hecho de energía, es la fuerza que nos guía a lo largo de nuestra vida. El propio universo está hecho de ella, puede manifestarse de muchas maneras. La energía es el elemento más vital en el mundo. Saber cómo leerla, por supuesto, supone una gran ventaja ante otras personas, te da la habilidad de analizarlas hasta su centro y ver más allá de las máscaras que han tenido que crear gracias a la sociedad. Podrás ver a las personas por lo que son, no por lo que quieran que veas.

La lectura de energía es la habilidad para sentir e interpretar el campo de energía de un individuo.

. . .

Todos tenemos este campo, y es único dependiendo del individuo, similar a una huella digital de energía, pero esta se encuentra en constante cambio influenciada por los pensamientos y emociones pasadas y presentes. Si aprendes a leer la energía de una persona, estás básicamente aprendiendo a leer sus pensamientos y emociones.

Recuerda que es importante que tomes esta habilidad con seriedad y la uses responsablemente, debe ser una herramienta que te ayude a crear una vida más armoniosa, no para que explotes los miedos más profundos de aquellos que no te agradan.

Este concepto de lectura de energía ha existido a lo largo de la historia; existen muchas leyendas sobre personas capaces de descubrir los secretos más ocultos de un ser.

Comúnmente estos individuos con dones sobrenaturales han sido llamados psíquicos. Ahora sabes que no es que sean sobrehumanos, los psíquicos son personas altamente intuitivas y sensibles al flujo de la energía universal, aquellos que han entrado por muchos años pueden identificar la más mínima alteración en los campos de energía y sacar sus propias conclusiones sobre la causa.

. . .

La lectura de energía también es llamada lectura de auras, son dos términos distintos para la misma actividad, sin embargo, es importante que notes que el término "lectura psíquica" si tiene diferencia con los otros dos mencionados. La diferencia principal es que la lectura de energía se concentra en los órganos sensoriales y la psíquica involucra conectarse con los planos astrales. Cualquier persona altamente intuitiva, sea psíquica o no, puede realizar lecturas de energía, pero solo alguien que tenga experiencia conectándose con los espíritus podrá realizar una lectura psíquica. En resumen, la lectura de energía utiliza las auras como fuente de información, mientras que la psíquica utiliza a los seres divinos como fuente.

Tomemos como ejemplo una corazonada, cuando simplemente sabes que algo sucederá o no sucederá sin tener en claro cuál es la fuente de este conocimiento. Esta es tu intuición siendo capaz de leer la energía de otras personas, objetos, o animales que te están indicando un resultado posible a una acción o actividad. Todos somos capaces de leer la energía, muchos de nosotros podemos inmediatamente saber si nos agrada o no una persona, si su energía vibra similar a la nuestra lo más probable es que exista una conexión o agrado instantáneo, pero es normal que le atribuyamos esto al destino y no a nuestra habilidad innata de leer energías externas.

. . .

La diferencia entre un lector de energía y una persona con una corazonada es que el lector se ha entrado para afinar y utilizar su intuición de manera automática y a voluntad.

Aprender a intuir puede ser una herramienta importante para tu vida. Podrá ayudarte a encontrar respuestas a problemas que parecen no tener respuesta. Por ejemplo, si estás realizando un proyecto personal te sientes atorado o sin capacidad de continuar, puedes tener una lectura de energía para entender por qué. Todo lo que sucede en nuestras vidas es parte de la energía que fluye dentro de nosotros, así que es una buena idea hacerte una lectura si piensas que puede existir un bloqueo.

La lectura de energía también puede ser una herramienta de apoyo cuando necesites tomar decisiones importantes sin importar la rama de tu vida que esta decisión pueda afectar. Te ayudará a entenderte a ti mismo a profundidad y las experiencias que has tenido en tu vida. Al interpretar tu campo de energía puedes encontrar el camino indicado que debes de seguir en tu vida. Aquí te dejo una lista de ventajas que puedes recibir de aprender a leer las auras:

- Recibirás consejo divino.

- Reconocerás las áreas de tu vida que necesitan atención.
- Detectarás y te desharás de bloqueos de energía.
- Fomentarás el crecimiento de tu intuición.
- Podrás sanar traumas pasados.
- Obtendrás conocimiento e información sobre ti mismo.
- Obtendrás una nueva perspectiva de la vida.
- Aprenderás a resolver los problemas con una nueva mentalidad.
- Balancearás tus chakras.

Estos son solo algunos de los beneficios que obtendrás después de desarrollar esta habilidad.

Como ya habrás podido intuir gracias a los conceptos que hemos visto en capítulos pasados, las emociones juegan un rol muy importante en nuestro sistema de energía, y esto es gracias a que las emociones son la forma más común de expresar tu energía. Es la vibra que recibes y emites a otras personas cuando te sientes bien o mal. El flujo de energía manifiesta tus emociones y provoca la recepción de las emociones de otras personas.

. . .

Si te rodeas de gente positiva sentirás un flujo positivo y tu humor mejorará, si te rodeas de gente con energía negativa tendrás problemas de estrés, ansiedad, cansancio, e incomodidad.

La energía emocional es muy importante, es contagiosa.

Tu familia, amigos, pareja, todos tienen un lazo emocional contigo y por ende un intercambio de energía, la principal diferencia entre una relación tóxica y una saludable es la energía emocional. Antes de tomar la decisión de involucrar a una persona en tu vida es preferible que realices una lectura rápida para identificar su fuerza vital. Podrás utilizar esta técnica para establecer tus relaciones personales, de negocios, amistades, e incluso decidir con qué familiares mantener más contacto. La compatibilidad de energía es importante, es vital para la salud de tus relaciones.

Sabemos que las personas aprenden a mentir desde temprana edad, las expectativas sociales nos llevan a cambiar aspectos de nuestra personalidad, e incluso a ocultar otras. Muchas personas son excelentes para ocultar su naturaleza al inicio de una relación, algunas banderas rojas son indetectables.

. . .

Pero no pueden cambiar su energía a voluntad, sobre todo si no saben que la estás leyendo. Si te das cuenta de que su energía no es congruente con sus palabras y acciones, entonces está escondiendo algo. La energía no puede mentir. Aquí te dejo unos ejemplos de energía no congruente con acciones y palabras:

- Alguien te dice que no quiere lastimarte y busca tu bienestar, pero puedes sentir peligro a su alrededor, te hace sentir ansioso y en guardia.
- Tu amigo ríe y se la pasa bien, pero puedes sentir una energía negativa, una tristeza a su alrededor.
- Una persona hace un gesto romántico enorme, pero no puedes sentir su pasión ni amor, como si fuera una acción mecánica y sin sentimiento.

La energía que otras personas emiten revela sus verdaderas intenciones, y su verdadera naturaleza. Es fácil ligarlas con sus verdaderas emociones. Algunas personas ni siquiera están conscientes de que están mintiendo sobre sus sentimientos, aquellos que tienen poca autoconciencia emocional pueden presentar un desfase en sus acciones y energía. Independientemente de cual sea la intención, serás capaz de descifrarlo gracias a las lecturas de energía.

. . .

La parte más importante es prestar atención a los mensajes que te da tu cuerpo. Confía en tu intuición, tu cerebro consciente intentará racionalizar sus acciones y descifrar el significado de su comportamiento, pero es imperativo que escuches a tu sabiduría interior. Presta atención a las sensaciones que tiene tu cuerpo. ¿Te animas? ¿Te desanimas? ¿Te sientes energizado? ¿O sientes que la energía se escapa de ti? La reacción de tu cuerpo te dará más información de lo que tu mente consciente podría, por ello es importante aprender esta técnica, y a continuación te enseñaré cómo.

Siente su presencia

Tomate tu tiempo para sentir la energía que emiten las personas. No te permitas ser distraído por las acciones que están realizando o las palabras que están recitando.

Adáptate a su atmósfera para tener una buena interpretación de su persona. El carisma es la fuerza magnética que te atrae a una persona, pero debes recordar que esta no siempre está conectada con el espíritu de un individuo.

Presta principal atención a este tipo de personas, debido a que podrían sorprenderte en el futuro.

Un buen ejemplo de esto son los asesinos seriales. Estos tienden a ser narcisistas y egocentristas, pero algunos de los más famosos asesinos también eran los hombres más carismáticos conocidos. Los narcisistas buscan a personas altamente intuitivas y sensibles para consumir su fuerza energética. Confía en tu instinto y mantente alerta alrededor de personas que son carismáticas sin emitir una energía correspondiente. Cuando estés sintiendo la presencia de una persona presta atención a lo siguiente:

- Si su energía es caliente o fría.
- Si sientes que te llena de energía o la drena.
- La presencia o falta de una calidez amigable que te atrae a ella.
- Si se distrae o está consciente de lo que está haciendo

Observa sus ojos

El ojo es un sentido poderoso. Es uno de nuestros principales receptores de información, y también pueden expresar muchas cosas. Si alguien te odia, puedes darte cuenta por su mirada. Si alguien te adora, también lo reflejarán sus ojos. Estos emiten energía poderosa y proyectan señales electromagnéticas.

Estas señales son la razón por la cual en ocasiones puedes sentir cuando alguien te está observando incluso si estás solo.

Presta atención a los ojos de las personas. ¿Está enojada? ¿Irradia odio? ¿dolor? ¿tranquilidad? Observa todo el rostro también, ¿su expresión es congruente con su mirada? Algunas personas se ven agresivas, pero tienen ojos gentiles.

Identifica lo que genera en ti un roce, abrazo, y apretón de manos

La energía también puede ser transmitida por el contacto físico, como cables de alta tensión conectando dos cuerpos. El contacto físico indica mucho sobre los sentimientos e intenciones de una persona. ¿Te sientes incómodo por el contacto? ¿se siente cálido? ¿sincero? ¿es un contacto intenso o ligero? Presta mucha atención a las sensaciones que genera en tu cuerpo, así podrás interpretar las emociones y el estado mental de la persona.

Además de las pistas físicas, la vibra que recibes también revelan emociones.

. . .

Cuando una persona te sacude transmite energía, calma, o gentileza, así como algunas personas transmiten hostilidad, dependencia, o incluso succionan tu energía. Debes cuidarte de estas personas, si te rodeas de ellas por mucho tiempo puede que tu reserva de energía no te de abasto.

Si dudas de la positividad de una energía, es mejor que evites el contacto físico.

Presta atención a su tono de voz

Cuando alguien habla, se ríe, o grita debes prestarle atención al tono y el volumen, estas son herramientas del lenguaje que utilizamos desde el inicio de los tiempos y son parte importante de nuestro proceso de comunicación. Las vibraciones son creadas por frecuencias de sonido, y puedes escucharlas, y si no, puedes sentirlas.

¿Qué efecto tiene en ti la risa o voz de la persona? ¿Su tono es amigable? ¿hostil? ¿frío? ¿cordial? ¿monótono? Las palabras son transmitidas por la energía del tono de voz de una persona. La risa también indica seriedad o simpleza, ¿su risa es genuina? ¿falsa? ¿ruidosa? ¿recatada? Presta atención a las sensaciones que te provoca su risa.

. . .

Toma en cuenta su vibra

Además de los indicadores que ya mencionamos, presta atención a la energía que emiten en general. ¿Qué sientes al estar cerca de esta persona? ¿Qué energía te está compartiendo? ¿De dónde viene? ¿Se preocupa por ti?

¿La vibra es positiva? ¿amable? ¿O sientes que te está mintiendo? Eres naturalmente receptivo a las energías de otras personas, así que presta atención. La energía no puede engañarte, así que debe de ser tu principal fuente de información cuando te relaciones con alguien. La técnica de lectura de energía es sencilla, pero debes realizarla de la manera correcta, aquí de dejo unos cuantos consejos para leer a alguien a quien recién conoces:

- **Intenta formar una conexión:** Este es el primer paso de la relación humana, nuestros instintos primitivos nos reducen a conexiones invisibles que puedan indicar cooperación o beneficio. Si te portas hostil, la otra persona se tornará defensiva. Empieza con un saludo directo, cálido, y positivo. Hacer esto te permitirá remover cualquier sesgo que pudieras tener de la persona, debes asegurarte de no tener prejuicios hacia ella, de otra manera puede repercutir en la objetividad de tu lectura. Permanece neutral y no permitas que tu cerebro te provea información innecesaria.

- **Ten un objetivo:** Cuando lees un libro, usualmente sabes lo que quieres encontrar antes de abrirlo. ¿Qué quieres saber sobre la persona que está frente a ti? Recuerda que el campo de energía está lleno de información sobre diferentes aspectos de nuestras vidas, si tienes en mente lo que estás buscando podrás filtrar la información y quedarte con lo que realmente necesitas. Presta atención a lo que consideres relevante para tu relación actual o futura con esta persona.
- **Escucha con atención:** No te distraigas, presta atención a lo que estás leyendo sobre la persona, cada pensamiento, sentimiento, imagen, dato que llegue a ti. Asegúrate de no juzgar inmediatamente hasta tener toda la información. Una de las barreras más grandes que tienen las personas para usar tu intuición es su incapacidad de tener confianza. Siempre recibes información intuitiva, pero en muchas ocasiones te encuentras ignorando esa voz interior, quizá crees que es imaginaria, ilógica, o innecesaria, pero ahora que sabes las ventajas que tiene esta voz, puedes empezar a hacer cambios sobre cómo la usas. Confía que la información que te otorga tiene un

propósito, y la mayoría de las veces su objetivo es protegerte.

- **Observa cuidadosamente:** Recuerda que tu cuerpo constantemente te comunica cosas. ¿Cómo te sientes con la información que estás recibiendo? Los humanos somos complejos y estamos en constante cambio, pero hay algunos límites que deben mantenerse firmes para evitar energías, sentimientos, y pensamientos intrusivos. Si desarrollas una conciencia efectiva, podrás saber mucho sobre una persona al observar las reacciones y sensaciones que tiene tu cuerpo mientras estás a su alrededor. Presta atención a los aspectos que cubrimos en esta sección y su energía en general.

Esta guía rápida te ayudará a empezar tu entrenamiento como lector de energías. Aún así, es necesario un poco más de entrenamiento para poder identificar de inmediato la energía que estás absorbiendo de la persona y discernirla de tu propia energía. Entre más practiques, más intuitivo se volverá este proceso. No necesitas lecturas psíquicas para leer a las personas de tu alrededor, solo usa tu intuición. De nuevo, tu fuente principal de intuición es tu tercer ojo, así que dedícate a abrirlo y mantenerlo sano para tener lecturas más exactas.

7

Los 7 chakras

En un capítulo anterior mencionamos uno de los sistemas de energía más importantes del cuerpo físico: los chakras. Sin embargo, fue una descripción muy rápida de lo que representa este sistema. En este capítulo, te daré una visión más profunda de su composición y la función que tiene cada uno de los puntos de energía, de igual manera te explicaré cómo repercuten en tus habilidades psíquicas.

Todo nuestro cuerpo está envuelto en puntos de energía o chakras, pero los más conocidos son los siete puntos principales. La traducción literal de la palabra "chakra" es "rueda", son puntos de energía que le permiten fluir a lo largo de tu cuerpo y mantenerlo saludable; para ello, como ya habíamos comentado, deben estar desbloqueados, saludables, y balanceados.

Cuando te imágenes los chakras, imagina un sistema de ruedas conectadas en un motor, y estas pueden girar gracias a tu energía vital.

Todos tenemos un cuerpo físico que sirve como contenedor para nuestra alma, estos son los dos conceptos más básicos de la vida humana. Sin embargo, existen otros cuerpos además de estos dos. El primero es el cuerpo de energía, también llamado aura. Más adelante ahondaremos en este tema, pero por ahora continuemos con el campo de energía.

Los siete chakras son puntos de energía que están situados a lo largo de todo tu sistema, por lo cual también son llamados centros de energía. Procesan la energía y le permiten fluir con libertad a otros puntos menores de energía del cuerpo. Cada uno tiene un área específica de cobertura. Tus chakras son sensibles a los pensamientos, emociones, traumas pasados, y otros problemas que estén ligados a tus sentimientos y emociones. Estos efectos que se generan en el cuerpo físico tienen a malinterpretarse como una enfermedad física o simples problemas normales, y por ello bajan la guardia. Cuando una persona es indiferente a la salud de sus pensamientos y emociones es porque consideran que no tienen un impacto directo en su salud física, pero esto no es verdad.

. . .

Asumamos que eres una persona que ha sufrido de una condición estomacal crónica desde su adolescencia. Te consideras de estómago sensible. Además de ello, vives en un ambiente familiar tóxico, tus padres tienen poca consideración por lo que quieres en la vida y te fuerzan a seguir sus pasos. Tu única función es seguir órdenes y respetar a la autoridad. Con frecuencia tienes que reprimir tus sentimientos y opiniones porque expresarlos puede indicar altanería. A simple vista estos dos hechos no tienen una relación, ¿cierto? Sin embargo, si tomas en cuenta tu sistema de energía puede que veas estos problemas desde una nueva perspectiva.

Gracias a la naturaleza controladora de tus padres, has desarrollado una relación tóxica o de repulsión hacia el concepto de poder. Esto seguramente ha bloqueado tu chakra plexo solar. La falta de libertad y el arrebato de tu libre albedrío generan emociones que pueden causar un bloqueo de energía. Este bloqueo también repercute en tu cuerpo físico, y en el cuerpo de energía. Los chakras son las conexiones entre todos tus cuerpos, su salud es necesaria para el balance general de tu vida.

Chakra raíz

. . .

El primer chakra en el sistema de energía es el chakra raíz y puedes encontrarlo en la base de tu espina dorsal. Es el primero que se presenta en tu sistema de energía. Es una representación de tu instinto primario básico: la supervivencia. El chakra raíz está relacionado con tu seguridad, estabilidad, e integridad física. Está cerca de la tierra para que siempre puedas estar estable. Aspectos de tu vida como una familia saludable, un trabajo estable, y una carrera en crecimiento indican la salud de un chakra raíz.

Cuando este se encuentra en balance te sientes seguro, protegido, centrado, y feliz. Si este dejara de funcionar de manera óptima podría indicar la presencia de un bloqueo. Algunos síntomas incluyen miedo, ansiedad, incertidumbre, inestabilidad financiera, y desapego. Por el contrario, si llegara a estar más activo de lo indicado, este chakra domina todos los aspectos de tu vida. Los síntomas de un chakra raíz acelerado incluyen agresividad, materialismo, avaricia, cinismo, y sed de poder. Cuando este chakra se bloquea, el cuerpo físico puede presentar los siguientes síntomas:

- Constipación
- Desórdenes alimenticios
- Problemas en la espalda baja
- Dolor en la ciática
- Color en las piernas

El color rojo representa a este chakra, y está conectado con la glándula adrenal. Los cristales de color rojo son útiles para repararlo y sanarlo.

Chakra sacro

Es el segundo punto de energía en el sistema, justo debajo del ombligo y a la altura de tus órganos reproductivos.

Aunque es un poco obvio por su posición, este chakra controla tu poder creativo, conexión con otras personas, y tus deseos sexuales. Un chakra sacro balanceado significa que vives una vida creativa y alegre. Deseas aventuras y haces descubrimientos de la vida que te rodea; te sientes cómodo con tu sexualidad, y tienes una vida sexual saludable. Eres una persona naturalmente íntima y te das el tiempo de satisfacer tus deseos.

Un chakra sacro balanceado y saludable manifiesta una gran pasión, apertura de mente, creatividad, optimismo, y un deseo sexual saludable. Cuando se encuentra funcionando en bajas capacidades, las repercusiones físicas pueden ser:

- Poco deseo sexual

- Falta de creatividad
- Falta de intimidad en nuevas relaciones o relaciones existentes
- Relaciones disfuncionales
- Sentimientos de desolación
- Desórdenes de identidad sexual

Por otro lado, cuando se encuentra más activo de lo indicado, los síntomas físicos pueden incluir:

- Adicción al sexo
- Tendencias manipuladoras
- Hedonismo
- Exceso de emociones

Cuando se encuentra bloqueado o insano:

- Infertilidad o impotencia
- Disfunción sexual
- Dolor en la cadera
- Menstruación irregular
- Problemas urinarios

Este chakra es representado por el color naranja y se conecta con las gónadas. Los cristales con color naranja ayudan a su mejora, tales como el zafiro naranja, la cornalina, y el topacio imperial.

. . .

Chakra plexo solar

El chakra que usamos en el ejemplo al principio de este capítulo, podrás intuir que se encuentra sobre el ombligo, en la parte media de tu área estomacal. Este chakra juega un rol importante en nuestra intuición, es el que genera la sensación en el estómago que nos indica una corazonada. Si te sientes en control de tu vida y seguro de las decisiones que tomas, entonces tu plexo solar seguramente está balanceado. De no ser así, entonces puede estar bloqueado o deficiente. Algunas culturas que refuerzan la idea de figuras autoritarias que no deben ser cuestionadas a medida tienen problemas con su plexo solar.

Cuando este chakra está sano y en balance, te sentirás confiado de la dirección que estás escogiendo para tu vida. También te vuelves consciente de ti mismo y tu sentido personal. Cuando este se encuentra letárgico o enfermo puedes experimentar:

- La sensación de estar perdido en la vida
- Baja autoestima
- Complejo de inferioridad
- Sensibilidad a la crítica incluso cuando es constructiva
- El sentimiento de impotencia

Si por el contrario se encuentra más activo de lo normal:

- Actitud dominante
- Egoísmo
- Sed de poder
- Perfeccionismo
- Tornarte prejuicioso

Un bloqueo total o problemas en este chakra se pueden manifestar de la siguiente manera:

- Hipertensión
- Hipoglucemia
- Estómago sensible
- Problemas de digestión
- Diabetes
- Fatiga crónica

El color que representa al plexo solar es el amarillo, y está conectado con el páncreas. Los cristales que pueden ser de ayuda para su sanación incluyen: zafiro amarillo, ámbar, citrino.

Chakra del corazón

. . .

El chakra del corazón está situado en el centro de tu pecho, justo a la derecha de tu órgano vascular. Este es el responsable de generar sensaciones en el pecho cuando sentimos una emoción fuerte, como la calidez que parece emitir nuestro corazón cuando vemos o pensamos en alguien que amamos. Este chakra es sencillo de entender, controla tu capacidad de emitir y recibir amor, contribuye a tus relaciones y se preocupa por la compasión y solidaridad con otros seres humanos. Si constantemente estás teniendo problemas en tus relaciones, o temes enamorarte, puedes tener un desbalance en este chakra.

Un corazón sano se refleja en la manera con la que te relacionas con las personas:

- Tus amistades son pacíficas y balanceadas
- Amas y te sientes amado
- Eres tolerante
- Sientes compasión por otras personas y criaturas
- Te sientes conectado con todas las energías del universo

Un chakra del corazón letárgico o bloqueado puede generar amargura y odio dentro de un individuo, así como falta de tolerancia, empatía, pérdida de la conexión con la vida, problemas de confianza, entre otros síntomas negativos. Si por el contrario se encuentra super activo, puedes manifestar lo siguiente:

- Celos
- Codependencia
- Necesidad o apego excesivo
- Exceso de autosacrificio
- Dar de más

Los problemas en este chakra se manifiestan físicamente de las siguientes maneras:

- Problemas de espalda alta
- Enfermedades del corazón
- Problemas circulatorios
- Presión alta
- Problemas pulmonares

Este chakra se relaciona con el color verde y se conecta con la glándula timo. Cristales como el jade, la esmeralda, cuarzo rosa, entre otras de tonalidad verde son útiles para sanar o desbloquear este chakra.

Chakra de la garganta

El chakra de la garganta está situado donde su nombre lo indica.

Se relaciona con la comunicación y el habla, y cómo usamos esta para expresarnos de manera concisa. Maneja las habilidades de comunicación y capacidad para expresarte efectivamente. Si sientes que te cuesta trabajo poner en palabras lo que estás pensando o sintiendo puede indicar la presencia de un problema en este chakra.

Cuando está balanceado, puedes hablar con la verdad sin problema alguno. Señales de un chakra de la garganta saludable incluyen:

- Comunicación clara
- Habilidad para expresarte sin miedo o inhibición
- Creatividad
- Confianza para dar un discurso
- Diplomacia
- Habilidad para dar consejos útiles y valiosos

Por otro lado, cuando no está a su óptimo rendimiento se pueden observar estos síntomas:

- Incapacidad para decir lo que piensas
- Incapacidad para expresarte efectivamente
- Ser incomprendido o malentendido
- Guardas secretos
- Introversión
- Problemas para escuchar o comprender

Cuando se encuentra con super actividad, puede que manifiestes los siguientes síntomas:

- Críticas a otras personas
- Generación de opiniones inflexibles
- Propensión a los cotilleos
- Gritar para comunicarte e interrumpir a otros

Estos problemas se pueden manifestar en el cuerpo físico de la siguiente manera:

- Sistema inmune debilitado
- Susceptibilidad al resfriado común y otras enfermedades estacionarias
- Tos crónica
- Dolor de garganta
- Problemas del oído

El color representante de este chakra es el azul y se conecta con la glándula de la tiroides. Los cristales de tonalidad azul pueden ayudar a sanarlo y balancearlo.

El chakra del tercer ojo

En este libro hay un capítulo entero dedicado a este tema y al tercer ojo.

. . .

Lo más importante que debes recordar es que es el chakra más conocido y está directamente ligado con la intuición y las habilidades psíquicas, es la fuente intuitiva más grande del ser humano, es el ojo de nuestra mente.

Cuando está saludable, puedes observar los siguientes síntomas:

- Imaginación activa
- Intuición aguda
- Pensamientos claros y acertados
- Un sentido de dirección y visión
- Percepción extrasensorial

Un tercer ojo de bajo rendimiento puede conllevar:

- Falta de concentración
- Creatividad e imaginación vagas
- Falta de memoria
- Pérdida de sentido común
- Pérdida de dirección
- Falta de habilidades y percepciones extrasensoriales

Un tercer ojo con demasiada actividad puede llevarte a desarrollar síntomas como:

- Alucinaciones

- Pensamientos erróneos
- Pesadillas y sueños en vivo
- Pensamientos obsesivos
- Percepciones extrasensoriales hiperactivas y sin control

Físicamente, estos problemas se manifiestan de la siguiente manera:

- Falta o pérdida de visión
- Cansancio ocular
- Dolores de cabeza
- Falta de sueño
- Problemas de memoria
- Falta de concentración

Como ya habíamos mencionado, el color morado o el índigo representan al tercer ojo y se conecta directamente con la glándula pineal. Los cristales con tonalidad morada son efectivos para limpiar y balancear este chakra.

Chakra corona

Este recibe su nombre gracias a su locación en la cima de la cabeza. Representa la conexión con tu consciencia superior, es el centro espiritual de tu cuerpo.

Si el chakra más bajo está localizado en la espina dorsal y relacionado con la tierra, el chakra más alto está relacionado con lo divino. Es el canal de entrada de toda tu energía; cuando meditas, este chakra es la salida por la cual accedes al universo. Cuando está balanceado, los síntomas incluyen:

- Confianza en el cosmos
- Conexión con lo divino
- Un sentimiento de amor universal
- La habilidad para entender la información más sencillamente
- Alta inteligencia y consciencia de tu ser

Un chakra corona bloqueado o de bajo rendimiento puede generar:

- Aislamiento y depresión
- Problemas de aprendizaje
- Juicio nublado
- Desconexión del mundo espiritual
- Pérdida de la fe

Cuando por el contrario se encuentra más activo de lo debido, entonces:

- Obsesión o adicción con el área espiritual
- Actitudes prejuiciosas
- Dogmatismo

- Sentimientos de superioridad

Estos problemas se pueden manifestar físicamente de la siguiente manera:

- Problemas neurológicos
- Dolor nervioso
- Migrañas
- Problemas cognitivos

El color representativo del chakra corona es el blanco y está conectado a la glándula pituitaria. Las gemas transparentes como la amatista, el diamante, o el cuarzo claro pueden ser efectivas para su limpieza y balance.

El impacto de balancear tus chakras en tu desarrollo psíquico

Como podrás haber intuido en este punto, los chakras juegan un rol muy importante en tu energía, intuición, y salud general, todos los cuales son aspectos importantes para el desarrollo de tus habilidades psíquicas. Si tu sistema de energía no se encuentra balanceado, no serás capaz de recibir consejos divinos de tus guías espirituales.

. . .

Mantenerlos abiertos es una obligación si quieres desarrollar tus habilidades de clarividencia.

Cada uno de tus sentidos claros está ligado a un chakra, y estos conforman tu sistema de energía. Son tu conexión con el mundo espiritual y el universo. Por ende, el tercer ojo no es tu única conexión con lo divino y tus sentidos psíquicos. Otros de tus chakras también están ligados con sentidos psíquicos relevantes. Recordemos los cuatro principales sentidos psíquicos:

- **La clarividencia:** Ligada al chakra del tercer ojo.
- **La clariaudiencia:** Está ligada al chakra de la garganta
- **La clarisentencia:** Ligada al chakra plexo solar
- **La clariconciencia:** Ligada al chakra corona

Cuando los chakras están abiertos, libres, y balanceados, los portales a estos sentidos psíquicos también son liberados. Desbloquear los chakras es el camino a liberar los portales psíquicos, y cuando los mantienes limpios con meditación y rituales de sanación también estás mejorando tus sentidos psíquicos.

. . .

Un sistema de energía balanceado es el requisito que debes cumplir para recibir mensajes psíquicos, y los chakras forman parte del sistema de energía general.

Existe un pilar central de energía que corre a lo largo de tu espina dorsal y te conecta con el universo usando la corona de tu cabeza como puerta de salida. El resto de tus chakras funcionan como estaciones reguladoras que controlan el flujo en tu cuerpo, para ello deben de estar limpios y sin bloqueos para que este flujo sea constante y moderado.

Recordemos el ejemplo del parabrisas que usamos en los primeros capítulos. Si se encuentra sucio lo más probable es que no puedas ver el camino de adelante. Para poderlo limpiar necesitarás herramientas, y una vez que hayas limpiado el parabrisas podrás ver claramente de nuevo.

Similarmente, si tu sistema de energía está lleno de bloqueos y obstáculos, el flujo de los mensajes psíquicos también se verá entorpecido e incluso inaccesible, así que procura mantener las estaciones limpias y brillantes para permitir el desarrollo de tus habilidades físicas. Debes tener una rutina de limpieza para tus chakras, si los descuidas eventualmente volverán a bloquearse, así que un mantenimiento rutinario es necesario.

Otra razón por la cual el balance de los chakras es importante para el desarrollo psíquico es que te ayuda a mantener tu vibración alta. Todas las fuerzas vitales están conectadas las unas con las otras, aún así existe una variación en las frecuencias dependiendo de la realidad en la que se manifiesten. Si eres una persona positiva, tienes una banda ancha de vibración mucho mayor que una persona negativa. Aquí es donde entran en juego tus pensamientos, los chakras se bloquean gracias a los pensamientos, energías, y emociones negativas. Traumas, y residuos dolorosos de experiencias pasadas pueden generar bloqueos en tu sistema de energía. Si continuas con un patrón de pensamiento negativo, también cobrarás en una frecuencia menor, y podrás perder el contacto con los mensajeros psíquicos. Tu ser superior, ángeles, y espíritus guía existen en una frecuencia mucho más alta, así que, si quieres contactarlos y recibir sus mensajes, deberás mantener tu banda alta para tener acceso a los planos superiores. Cuando limpias tu sistema de pensamientos, emociones, y bloqueos usando los chakras permites a la energía positiva fluir dentro de ti y elevar tu banda de vibración.

Limpiar y balancear los chakras

Así como con las habilidades y el desarrollo de la intuición, existen diferentes formas de limpiar y balancear los chakras, algunos ya han sido vagamente mencionados a lo largo de este libro, entre ellas se encuentran técnicas de medicación, ejercicios, rutinas, entre otras prácticas que puedes incorporar a tu vida. Puedes escoger las que más te convengan, adecuen a tu vida, o sientas que te brindan los mejores resultados. Cada chakra responde distinto a las técnicas, así que toma tu tiempo para analizarlas todas.

Balancear el chakra raíz

Si quieres que la base de tu energía esté limpia y abierta deberás hacer cambios en tu estilo de vida, son cambios pequeños que acumulados podrán hacer un gran cambio.

El primer hábito que debes de formar es dormir las ocho horas correspondientes al día. El descanso es una manera efectiva de mantener tu chakra limpio. También deberás incorporar ejercicio físico a tu rutina diaria, no necesariamente tienes que ir al gimnasio, actividades como la jardinería u otras actividades que te conecten con la tierra es ideal para balancearlo.

Ya que el color rojo es el representante de este chakra deberás incorporar comidas de este color en tu dieta.

Considera tomates y granadas. Rodéate de piedras rojas como los rubíes, ayudarán a estimular tu chakra e incrementar su vibración. Además de los hábitos, también puedes hacer lo siguiente:

- Colócate en la posición de la mariposa. Toma tus tobillos con las manos.
- Luego alza tus caderas y balancéate de adelante hacia atrás.
- Observa los cambios en tu cuerpo. Si se siente caliente o se abren tus caderas.
- Repite este ejercicio de 10 a 100 veces.
- No olvides estar en un lugar cómodo cuando realices este ejercicio.

Balancear el chakra sacro

El elemento del chakra sacro es el agua, así que un paseo cerca de un cuerpo de agua puede ayudar a balancear su energía. Algunas de las actividades físicas que puedes realizar es nadar en fuentes de agua naturales, caminar bajo la lluvia, u observar tormentas. Incluye en tu dieta alimentos color naranja como las mandarinas, zanahorias, entre otras.

. . .

El ámbar y la piedra de oro son gemas que puedes mantener cerca de ti para mantener su energía libre. Para este chakra, puedes utilizar el siguiente ejercicio:

- Recuéstate sobre tu estómago. Coloca tus brazos a tus lados y tus palmas sobre el piso. Apunta los dedos de tus pies hacia afuera.
- Inhala, y levanta tu pierna derecha sin doblar tu rodilla.
- Exhala mientras bajas tu pierna de regreso al piso. Hazlo con cuidado y lentitud.
- Repite el movimiento con tu pierna izquierda.
- Luego, realiza este movimiento con ambas piernas al mismo tiempo.
- Repite esto hasta que sientas calidez alrededor de tu chakra sacro.

Balancear el chakra plexo solar

Algunos hábitos que puedes adoptar para estimular tu chakra plexo solar son resolver acertijos, hacer rompecabezas, leer libros sobre arte o tomar clases creativas, todas las actividades que requieran el uso de tu energía y puedan generar energía positiva estimularán este chakra.

. . .

También puedes tomar baños de sol y mejorar tu digestión, para ello debes empezar un programa de desintoxicación. Consulta a tu médico antes de hacer cambios drásticos en tu dieta, o pídele que te sugiera un programa que pueda adecuarse a tus necesidades. Incorpora comidas amarillas como la manzanilla y la calabaza. Las piedras amarillas como el ágata amarilla y el citrino ayudan al balance de esta. Utiliza aceites esenciales amarillos como el romero para deshacerte de bloqueos. También puedes utilizar la siguiente rutina:

- Asume la posición del medio loto, con tu pierna derecha sobre la izquierda.
- Pon tu palma derecha sobre tu pie derecho.
- Inhala y levanta tu mano izquierda hacia el cielo. Concéntrate en la parte de atrás de tu mano.
- Exhala y lentamente baja tu mano de nuevo hacia la parte de arriba de tu pie.
- Repite este movimiento con tu otra mano.
- Alterna entre ambas manos por 10 minutos hasta que sientas una calidez en tu plexo solar.

Balancear el chakra del corazón

. . .

Alimentarte de energía pura y positiva es la mejor manera de balancear el chakra del corazón. Actividades que pueden ayudarte con eso es tomar paseos por la naturaleza, pasar tiempo con tus seres amados, o hacer actividades de voluntariado. Dales la bienvenida a los sentimientos de compasión y empatía, estos estimularán al chakra y lo llenarán de energía positiva. Los alimentos color amarillo también fomentaran la salud de este chakra. Los cristales como el ámbar y el topacio ayudarán a ello. También puedes intentar el siguiente ejercicio:

- Siéntate en la posición de loto.
- Forma un puño con tus manos y colócalas al frente de tu pecho.
- Inhala profundamente. Mientras lo haces, presiona tus manos hacia tu pecho y expándelo tanto como puedas. Asegúrate de mantener tu espalda recta. Mantente en esta posición por 10 segundos.
- Cuando exhales, concéntrate, en el centro de tu cuerpo. Encórvate un poco y baja la barbilla.
- Repite este ejercicio 10 veces por 10 segundos cada uno.
- Debes sentir una sensación fría a lo largo de tu pecho a medida que tu chakra se abre.

Balancear el chakra de la garganta

Recuerda que este es el centro de la expresión propia, así que actividades como recitar poesía, cantar, y tener conversaciones estimulantes son beneficiosas para este chakra. Cualquier actividad que te permita expresar tus pensamientos o sentimientos con libertad es excelente para este chakra. Procura meditar con gemas color azul, y realiza el siguiente ejercicio para mantenerlo abierto y balanceado:

- Arrodíllate en el piso con tus pies bajo de ti. Reposa tus caderas sobre tus pies. Puedes usar un tapete si te hace sentir más cómodo.
- Coloca tus manos en la parte baja trasera de tu espalda a la altura de tus riñones.
- Inhala y exhala profunda y lentamente.
- Cuando inhales, inclina tu cuerpo hacia atrás lo más posible y levanta la barbilla.
- Cuando exhales, inclina la barbilla hacia tu pecho encorvando tu cuerpo.
- Repite esto 10 veces hasta que sientas tu chakra abierto y balanceado.

Balancear el chakra del tercer ojo

. . .

La meditación es sin duda la herramienta más valiosa para mantener el balance de este chakra, combinado con una rutina diaria es la combinación perfecta para liberar todo su poder. Sin importar el estilo de meditación que escojas, es preferible que lo hagas bajo la luz del sol o los rayos lunares. Recuerda dormir las horas necesarias para mantener tu mente clara y fomentar la memoria. Los alimentos de color morado como las berenjenas son beneficiosos para este chakra, así que considera añadir unos cuantos a tu dieta. A continuación, te dejo un ejercicio de meditación que te puede ser útil para desbloquear o mantener sano tu tercer ojo:

- Abre tus piernas de lado a lado e inclínalas a 15 grados.
- Con tus manos forma un triángulo tocando tus pulgares y tus dedos índices. Sostenlo contra tu frente justo en el medio.
- Respira normalmente.
- Ahora, visualiza la energía del sol. Piensa en cómo recae sobre el triángulo que has formado.
- Mueve tus ojos 15 centímetros hacia arriba.
- Mantente en esta posición por 5 minutos y siente como la energía del sol refresca tu glándula pineal y tu tercer ojo.

Balancear el chakra corona

Escribir en un diario de sueños es una manera en la que puedes entrenar este chakra, también puedes realizar un análisis de tus sueños e intenciones dentro de un área espiritual. La meditación también es una herramienta útil para este chakra, ya que es la conexión entre tu cuerpo físico y tu cuerpo espiritual. Hazte el hábito de visualizar luz blanca llenándote de energía a través de tu cabeza.

Come alimentos color blanco como el arroz. Medita con piedras como la amatista, cuarzo transparente, y otras gemas similares. Practica el siguiente ejercicio para balancear este chakra:

- Siéntate en un lugar cómodo en la posición de medio loto. Tu espalda debe permanecer recta.
- Lentamente levanta ambas manos y colócalas a los lados de tu frente y alejadas una de otra.
- Concéntrate en la sensación que recibes en el espacio entre ellas.
- Lentamente comienza a unir tus manos y aléjalas de nuevo. Como si estuvieras tocando un acordeón.
- Repite este movimiento visualizando flores que brotan con cada movimiento que hagas.

- Siente la energía que fluye por tus chakras.
- Respira lentamente y lleva tu mano de tu cabeza hacia tu abdomen. Como si escanearas tu cuerpo.
- Continúa la meditación por unos minutos con los ojos cerrados.

Ahora conoces cómo se conforma tu sistema de energía, los nombres de los chakras, hábitos beneficiosos para mantenerlos limpios, y la importancia de mantenerlo en balance. Podrás limpiarlos y desbloquearlos a voluntad.

Un sistema saludable te ayudará a mantener tu nivel de energía y conectarte contigo mismo para continuar tu camino hacia el despertar psíquico.

8

Lectura de auras

En capítulos anteriores mencionamos el campo electromagnético que nos rodea a todos los humanos, a este campo lo llamamos aura. Es una emisión de luz un tanto borrosa que se extiende por unos centímetros alrededor de tu cuerpo. Todo lo que ves tiene un aura, incluso los objetos inmóviles como rocas, libros, y otras cosas inertes.

Si existe energía fluyendo a través de ello, entonces tendrá un aura.

Ya hemos hablado de cómo esta es impactada por tus emociones y su rol en el sistema de energía, pero es importante que entiendas su composición.

. . .

El aura tiene siete capas que se ordenan una sobre la otra, poseen información sobre el cuerpo físico y es proveída por los siete chakras. Los chakras forman parte del sistema de energía aural, y cada capa está relacionada con un punto de energía. Cada cuerpo aural está relacionado con tus condiciones espirituales, emocionales, mentales, y físicas. Las vibraciones de tus pensamientos, sentimientos, salud, consciencia, y experiencias pasadas están resguardadas en estas capas dependiendo de su categoría.

La capa externa se extiende hacia afuera de tu cuerpo por unos 7 pies, aunque su expansión depende de la salud de cada persona. Aunque las auras sean invisibles, pueden ser sentidas cuando interactúan entre ellas. Es lo que determinamos el "espacio personal". Es necesario que sepas cómo sentir la energía que emana de otros cuerpos, es la base de la lectura de energía, y la necesitarás para poder interpretar los colores aurales.

Capa etérica

El cuerpo etérico es la primera capa del sistema, la base es el cuerpo físico. Es la que observas cuando estás tratando de acceder a la energía curativa de alguien.

. . .

Está a unas 2 pulgadas del cuerpo físico y tiene un color violeta grisáceo. Similar a una vaga neblina. Este cuerpo está conectado a tus glándulas, órganos, y meridianos, se relaciona con la salud y el estado de tu cuerpo físico.

Cualquier enfermedad o condición en el cuerpo físico se manifestará en esta capa primero. Esta es la capa que deberás observar para determinar qué condición se puede estar generando en tu cuerpo, y podrás tomar acción antes de que se materialice.

Capa emocional

Esta es la segunda capa, justo encima de la capa etérica, y está a unas cuantas pulgadas del cuerpo físico. Tiene una forma ovalada como un capullo y está conectado al chakra sacro. Esta capa manifiesta tus pensamientos, emociones, sentimientos, y experiencias.

Es una de las capas más activas ya que se encuentran en constante movimiento, como nuestro estado emocional es volátil esta capa también refleja esta volatilidad, y puede fácilmente anclar emociones negativas como el miedo, la ira, la soledad, y el resentimiento.

. . .

Esta capa comunica su energía con la capa etérica, la manda hacia abajo y esta eventualmente la comunica al cuerpo físico. Esto explica porque las emociones tienen repercusiones directas en nuestra salud. Si en algún momento te sientes enfermo sin razón, puede ser porque esta capa está bombardeando tu cuerpo físico con emociones negativas. Este cuerpo también se presenta de diferentes colores, y al leerla puedes interpretar el estado de tus chakras.

Capa mental

La capa mental es la tercera en el campo aural. Está extendida a ocho pulgadas del cuerpo físico, y está directamente conectada con el chakra plexo solar. Podrás notar que existe un patrón de conexión entre las auras y los chakras. Este cuerpo representa los procesos cognitivos, pensamientos, y estado mental. Comúnmente es amarilla y se ilumina gracias a tus ideas, creencias, procesos lógicos, y tu intelecto. En esta capa racionalizas tus pensamientos e ideas. Los problemas de salud mental se reflejan en esta capa antes de materializarse en el cuerpo físico. Cuando intentes leer esta capa, presta atención a la cabeza, el cuello, y los hombros, estas son las partes donde irradia con más intensidad.

. . .

Capa astral

También llamada el puente o el cuerpo astral. Es la cuarta capa aural y se encuentra ubicada a 12 pulgadas del cuerpo físico. Está conectado con el chakra del corazón, así que contiene información sobre la sensación de amor, alegría, y otras emociones de alta vibración. Es referido como el puente ya que conecta el plano físico con el espiritual. Para visitar el mundo espiritual debes desprender tu cuerpo físico y reemplazarlo con tu cuerpo astral. Tiene un color rosado y se fortalece con relaciones amorosas e íntimas. También puedes deducir el estado de tus chakras a través de esta capa. Si aprendes a realizar viajes astrales, puedes explorar el universo con tu forma astral. En el plano astral la sanación es más rápida.

Plantilla etérica

Es la quinta capa del campo aural, y está conectada al chakra de la garganta. Está a tres pies de tu cuerpo. Es responsable por los sonidos, la comunicación, la vibración, y la creatividad. Es llamada de esta manera porque es la copia literal de tu cuerpo físico en el plano espiritual.

. . .

Es el instructivo por el cual tu cuerpo físico se manifiesta. Puede ser color azul, como el negativo de una foto, pero se presenta de varios colores. Todo lo que creas en el plano físico es grabado en la plantilla etérica. Esto incluye tu personalidad, identidad, y energía.

La capa celestial

El sexto cuerpo de energía. Este está conectado directamente con el chakra del tercer ojo. Es la representación de tu subconsciente, el punto de unión entre tu consciencia y tu mente espiritual. Cuando meditas o realizas actividades espirituales, esta capa resguarda tu consciencia. El cuerpo celestial contiene la información sobre los sueños, memorias, consciencia espiritual, la intuición, la confianza, y el amor incondicional. Esta capa emite una vibración poderosa, así que debes mantenerla de esta manera para acceder a los cuerpos celestiales. Con una capa celestial fuerte, tienes el poder de comunicarte con espíritus y recibir mensajes psíquicos.

Plantilla cetérica

Esta es la última capa y la más alejada del cuerpo físico, sin embargo, es la más cercana al plano espiritual; está conectada con el chakra corona. En esta puedes encontrar información sobre tus vidas pasadas y volverte uno con el universo. Este cuerpo aural vibra más alto que todas las otras capas y funge como una protección para los otros cuerpos aurales. Alberga todo el conocimiento y las posibilidades. Contiene un plano de tu camino espiritual, y tiene un registro detallado de todas las experiencias vividas a lo largo de tus vidas. Está ligada a lo divino, la fuente, el creador, dios, o cualquier otra fuente de conocimiento superior en la que creas.

Algunas personas creen que aún existen otras capas que aún no han sido descubiertas, así que por el momento estas son todas sobre las cuales tenemos información.

Cómo ver auras

Ver auras es sencillo si eres clarividente, pero esto no significa que todos los clarividentes puedan ver auras.

Para leer tu propia aura o la de otra persona debes entender cómo se encuentra conformado. Ahora que sabes esto, debes aprender a cómo verlas. Practica contigo mismo al inicio antes de hacerlo con otros objetos energéticos.

Puede que no logres ver el aura pero sí sentirla, o incluso escucharla, o saborearla, todo dependerá de tu habilidad psíquica dominante. El objetivo es poder acceder a la información que el campo aural nos ofrece sin importar el método. Te ofrezco unos ejercicios que te permitirán explorar otras técnicas.

Ejercicio uno: Siente el aura

Si tu sentido predominante es el tacto psíquico, es probable que no la veas, pero sí seas capaz de sentirla.

Básicamente, si eres clarisintiente podrás sentir el aura.

Este sentido te permite sentir y percibir cosas más allá del plano material. Debes confiar en tus manos para sentir los campos de energía humana. Para este ejercicio, encuentra un lugar silencioso donde puedas estar sin interrupciones:

1. Siéntate en tu pose de meditación predilecta. Cierra tus ojos y respira con ritmo. Conéctate con tu respiración y vuélvete consciente de cómo entra a tu cuerpo y se mueve alrededor de él antes de salir. Continúa haciendo esto por un par de minutos.

2. Con tus ojos cerrados, frota tus manos por 30 segundos. Hazlo con toda la intensidad posible.
3. Estira tus manos frente a ti. Nota que tus codos están ligeramente doblados, y tus palmas deben estar una frente a la otra.
4. Júntalas lentamente pero no les permitas tocarse.
5. Repite este paso lo más lento posible. Nota la sensación que aparece entre tus manos. Repite una y otra vez.
6. No abras los ojos ni dejes de respirar. Si te desconectas de tu respiración, realiza el primer paso para volver a estar en sintonía con ella.
7. Presta atención al espacio entre tus manos. Registra las sensaciones, pensamientos, e imágenes que aparezcan en tu mente a medida que lo repitas. Toma consciencia de estas sensaciones.

Realiza este ejercicio con calma, no te preocupes si crees que lo estás haciendo mal. Con la práctica podrás sentir las auras con mayor facilidad.

Ejercicio 2: ve el aura

La práctica es el verdadero secreto detrás de este ejercicio.

Como en el ejercicio anterior, intenta primero con tu propia aura. Al principio notarás que sólo puedes ver las primeras capas del aura, pero a medida que tu experiencia aumente podrás ver las capas superiores. De nuevo, encuentra un lugar tranquilo para realizar el ejercicio, de preferencia un lugar oscuro, puedes esperar hasta la caída de la noche para realizarlo:

1. Siéntate de frente a una pared blanca con tus pies firmemente en el piso. Usa una silla para mantener tu espalda recta.
2. Conéctate con tu respiración y relájate.
3. Estira uno de tus brazos hacia la pared blanca. Con la palma hacia la pared, lentamente junta los dedos de tu mano. Reduce la intensidad de tu mirada y relájala. Mantén esta mirada mientras miras a tu mano. Podrás ver el delineado de tu aura alrededor de tu mano.
4. Separa tus dedos lentamente mientras mantienes esta mirada. Concéntrate en el espacio entre tus dedos y nota lo que hay ahí.
5. Con el tiempo, podrás empezar a ver el delineado de tu aura alrededor de tu mano y dedos. Puede que al principio sea incolora, pero con el tiempo mostrará colores a su alrededor.
6. Sumérgete en el momento y observa tus manos y dedos con paciencia.

Después de unas cuantas semanas de práctica, puedes realizar este ejercicio durante el día. Después de un tiempo, no necesitarás un lugar calmado para ver tu propia aura. Si no tienes una pared blanca, puedes utilizar una hoja de papel.

Ejercicio 3: Ver las auras de otras personas

Puedes pedirle ayuda a un compañero si ya has logrado ver tu propia aura sin un fondo blanco y realizar este ejercicio:

1. Pídele a tu compañero que se pare frente a una pared blanca. Deben pararse unas pulgadas lejos de ella para no tocar la pared
2. Párate a un par de metros de él o como te lo permite tu lugar de entrenamiento. Debes poder verlo de pies a cabeza. Asegúrate de que puedes ver la pared detrás de él.
3. Planta tus pies firmemente en el piso y realiza un ejercicio de respiración rápido.
4. Cierra tus ojos por un momento y luego ábrelos de nuevo. Con una mirada suave, observa todo el cuerpo de la persona. Trata de notar cualquier cosa que aparezca en la pared. No te sugestiones, debes de ser paciente.

5. Verás el aura surgir alrededor de su cabeza y su cuerpo superior. Inicialmente será incolora, pero con práctica constante deberás poder ver el color.

Ver auras es una práctica que requiere dedicación y paciencia. Verás los resultados con el tiempo y eventualmente no necesitarás tener una pared de referencia. Una vez que puedas ver las auras podrás interpretar la información que te ofrezcan.

Los colores de las auras y sus significados

Las auras tienen tonalidades, colores, intensidad, y definición, y estas características revelan mucha información sobre tu estado físico, emocional, mental, y espiritual.

Dependiendo de la distancia y las ondas electromagnéticas que presente tus ojos pueden registrar diferentes colores del espectro de energía. Las auras muestran diferentes colores porque sus cuerpos vibran en diferentes frecuencias, tu cerebro las interpreta como colores cuando logras ver el campo de energía.

. . .

A continuación, estudiaremos los significados de los colores.

Rojo

Este es el color del chakra raíz. Cuando este color aparece, existe una relación directa con las funciones de este chakra. Puede aparecer en distintas tonalidades, oscuras o claras. Cada tonalidad tiene un significado distinto.

Este color usualmente aparece en las personas valientes y atrevidas. Estas personas naturalmente entienden la realidad física y les permite abrazar los deseos del mundo material. Si tienes rojo en tu aura significa que eres una persona apasionada, venturosa, dinámica, y sin arrepentimientos. No le temes a la mortalidad, sensualidad, o tentación, y disfrutas de actividades que te induzcan adrenalina. Los rojos oscuros denotan un individuo con emociones negativas y traumas pasados. Representa cansancio, poca energía, y exceso de trabajo.

Naranja

Este color se manifiesta en las personas que valoran las relaciones e interacciones con otras personas.

. . .

El naranja es alegre y emite vibras positivas, se relaciona con energía positiva con el dinero, tiempo, energía, amor, recursos, y trabajo. Si tienes naranja en sus cuerpos, significa que adoras el trabajo en equipo por tu naturaleza extrovertida y personalidad sociable, eres perceptivo y dinámico. Estableces amistades rápidamente porque eres bueno para ello. El naranja también representa amor por la aventura. Te interesa lo que el mundo tiene que ofrecer, así que buscas aventuras. Debes tener cuidado o podrías obsesionarte con las relaciones, o tener dificultad para comprometerte a una sola.

Amarillo

La presencia de este color indica un fuerte sentido de individualidad, confianza, y habilidad para inspirar a otras personas a tu alrededor. El amarillo resuena con las vibraciones fuertes que se derivan de la felicidad. Las personas con auras amarillas son líderes naturales, pueden tomar el cargo y liderar a su grupo. Tienen altos niveles de energía y pocas veces se cansan de motivar o guiar. Están llenos de alegría, generosidad, y atraen a otras personas. Sin embargo, el amarillo oscuro representa una batalla interior, duda, perfeccionismo, o exceso de confianza guiada por el ego.

. . .

Verde

El verde significa que irradias amor incondicional.

Cuando estás en presencia de otras personas pueden sentir tu energía vital porque tienes una atracción natural.

Lo más probable es que te sientas atraído por los animales y la naturaleza. Procuras curarte de manera natural.

Cuando alguien entra en tu presencia se relajan y sienten en paz, eses es el poder del color verde. Es el color del balance. Los individuos con este color en su aura son muy balanceados. Sin embargo, el color verde oscuro puede ser una señal de sentimientos de envidia y celos estancados en tu campo de energía.

Azul

El azul indica que una persona tiene grandes habilidades de comunicación. Son personas honestas y directas que no tienes limitaciones. Entre más clara sea la intensidad de este azul, más positiva será tu energía.

Índigo

Este color se encuentra comúnmente en personas intuitivas y sensibles. Representa percepción y la presencia de habilidades intuitivas poderosas que te permiten saber cuando las cosas van a suceder. Estas personas son empáticas por naturaleza, buscan y perciben el mundo como algo más grande que ellos. Viven la vida con el flujo natural de las cosas. El índigo oscuro significa desconexión con el ser intuitivo dentro de ti, y una pelea con la duda e incertidumbre.

Violeta

Similar al morado o índico. Un campo violeta significa que tienes una visión idealista para el futuro. Puedes ver más allá de los pequeños detalles, eres original e innovador, progresivo, y de mente abierta.

Otros colores de aura pueden ser:

- Rosa
- Magenta

- Blanco
- Turquesa

Aunque los colores que describí anteriormente son los más comunes, las auras también pueden presentar otras tonalidades incluso como color principal.

9

Ejercicios y hábitos para fortalecer tu intuición y habilidades psíquicas

A MEDIDA que continuas con tu desarrollo psíquico debes de mantener la mente abierta y mantener tus expectativas bajas. Si tienes expectativas muy altas puedes llegar a desanimarte cuando no las logres. No te anticipes y sugestiones, espera pacientemente a tus habilidades te indiquen que están ahí, si te concentras demasiado puedes perderte las verdaderas señales que te envía tu ser interior.

Si no aprendes a dejar que las cosas pasen a su tiempo, probablemente no seas un gran psíquico. No permitas que seas el mayor obstáculo en tu camino, aléjate y permite que tus sentidos tomen la tienda de tus experiencias y percepciones. Puedes realizar actividades beneficiosas todos los días para fortalecer tu intuición y avanzar cada vez más rápido. La meditación es algo que recomiendo con mucho ímpetu.

Deberás encontrar un lugar tranquilo, y en este contexto me estoy refiriendo a tu plantilla cetérica, donde la consciencia se resguarda mientras estás en una sesión de meditación. En este lugar puedes convertirte uno con tu mente y tus sentidos psíquicos. Probablemente no lo logres en el primer intento, pero puedes llegar a ese estado si continúas practicando.

Puedes realizar los siguientes ejercicios en el momento de día que se te acomode, recuerda que puedes utilizar técnicas como llevar un diario de tus experiencias y resultados para poder monitorear tu progreso:

- **Ejercicio 1: adivina la canción siguiente:** Este es un ejercicio sencillo y divertido para practicar tu habilidad psíquica cuando estés manejando o relajándote en tu habitación. Puedes hacer este ejercicio con tu radio o una aplicación de música. Cuando estés escuchando una canción, permítele a tu mente divagar mientras la estás escuchando, después intenta regresar a tu estado natural cuando estés a la mitad de la canción e intenta adivinar qué canción vendrá después. Lo más probable es que escuches el principio de la canción en tu mente antes de que empiece.
- **Ejercicio 2: Jeopardy:** Este es un juego popular de la televisión americana. Este

ejercicio es rápido y divertido, lo que significa que no deberás pensar tus respuestas de más. Cuando te hagan una pregunta, di lo primero que se te venga a la mente. Muchas respuestas serán interesantes. Algunas las sabrás gracias a experiencias pasadas. Pero otras parecerán surgir de la nada. En este momento sabrás que tu poder psíquico entró en acción. Lo importante es que te des cuenta de que recibiste la respuesta de una fuente psíquica.

- **Ejercicio 3: Telemetría:** Si tienes un amigo que esté dispuesto a ayudarte, puedes pedirle prestada una reliquia familiar u otra cosa que no le pertenezca para que puedas practicar telemetría. Asegúrate de que tu amigo sepa a quién perteneció el objeto. Utiliza este objeto para meditar y escribe los sentimientos que tuviste durante la sesión. Después coméntale a tu amigo lo que encontraste y corrobora la información con tu amigo.

Los ejercicios que te mostré son fáciles de integrar a una rutina diaria, así que no tienes excusa para no practicar. Con disciplina podrás convertirlos en un hábito rápidamente. No olvides los otros consejos que te he dado en este libro como tus sesiones de meditación, cambios en la dieta, y las afirmaciones. Individualmente pueden no parecer gran cosa, pero si las adhieres a tu vida rápidamente harán un cambio significativo.

Conclusión

Puede que la clarividencia sea una habilidad nata, pero el talento por sí solo no es suficiente para crecer psíquicamente. El desarrollo de estas habilidades es un proceso largo y lento, pero la consistencia y práctica te ayudarán a llegar a tu despertar psíquico. También es importante que estés en un buen momento mental, físico, y espiritual para realizar el despertar psíquico. No debes abrir tu tercer ojo a no ser que estés seguro de que puedes enfrentar las consecuencias. Las habilidades mencionadas en este libro son poderosas, y si se toman a juego, o no son utilizadas con responsabilidad pueden generarse consecuencias adversas en tu vida y en la vida de las personas que te rodean. A medida que progreses en tu despertar psíquico, no tengas miedo o vergüenza de buscar a individuos similares a ti, sobre todo si su experiencia puede serte de guía o ayuda para avanzar en tu propio camino.

Todos necesitamos un maestro de vez en cuando, si es cierto que este libro te ha proporcionado mucha información útil, nada es sustituto para los consejos empíricos de alguien experimentado. Busca a tu alrededor, te sorprenderás de cuantas personas pueden estar en contacto con su lado psíquico, y pronto tu también podrás ser una de ellas. Olvídate del ego, entrégate a lo divino, y ¡prepárate para despertar!

Guía de Telepatía en Español

Cómo Desarrollar tus Habilidades Psíquicas y Desarrollar una Consciencia Extra Sensorial

Índice

Introducción

Si alguna vez has leído comics o visto películas de este género, es bastante común encontrar a un personaje con el superpoder de la telepatía, es decir, que puede utilizar su mente para comunicarse con otras personas. Algunos superhéroes incluso pueden entrar al subconsciente de las personas para descubrir lo que sucede. Si no has leído cómics, quizás hayas visto programas de ciencia ficción en los que hay personas con habilidades telepáticas. De niño todo parecía muy real. Luego, de adolescente, empecé a creer que la telepatía era algo que los productores de televisión se habían inventado para hacer que sus programas y películas fueran más emocionantes. A todos nos gusta la idea de tener habilidades sobrehumanas. Sin embargo, con el tiempo, gracias a la curiosidad y a la investigación descubrí que la telepatía es real.

En términos básicos, la telepatía se define como la habilidad para transmitir información de una persona a otra por medio de algo que va más allá de los cinco sentidos básicos. No utilices el sentido de la vista, el tacto, el olfato, el gusto o del oído cuando te comunicas por telepatía. No, esta forma de comunicación va más allá de los cinco sentidos. Es probable que te preguntes cómo es esto posible. Si estás leyendo este libro, es probable que hayas llegado aquí por curiosidad sobre las posibilidades de todo el tema. Sin duda, hay muchas cosas que dicen ayudar a las personas a comprender el concepto de la telepatía, en especial en internet. Por desgracia, muchos de estos recursos no llegan a cumplir con las expectativas de las personas. Yo mismo he sido víctima de muchos de estos recursos poco originales y nada útiles antes de que por fin pudiera descubrir todo lo que sé sobre la telepatía.

Esto me llevó a escribir una guía escrita sobre la telepatía, una guía que le ayude a las personas a descubrir sus poderes psíquicos y mejorarlos.

A pesar de haber existido por años, las técnicas de la telepatía han sido un secreto bien guardado en el espiritualismo. Sin embargo, después de que la ciencia mostrará evidencias de que la telepatía en verdad es posible, muchos ocultistas se han atrevido a compartir su conocimiento con el resto del mundo.

Este libro fue creado para ayudar a las personas a descubrir los misterios del intercambio de mensajes transfísicos y mostrarle a las personas cómo desbloquear su superpoder interior. Cualquier persona que tenga un poco o nada de conocimientos sobre lo oculto o lo físico puede creer que el título de este libro es algo abrumador. Así pues, si eres un principiante, este libro ha sido escrito para ti. Este libro utiliza el lenguaje más sencillo y simplificado para decirte, a profundidad, todo lo que necesitas saber sobre la telepatía.

En este libro vas a descubrir de historia de la telepatía y cómo ha evolucionado a través de los años en la humanidad. Vamos a explicar cómo las brujas y los magos del pasado aprovechaban sus habilidades psíquicas. En pocas palabras, este libro te ayudará a descubrir cómo comunica tus pensamientos, emociones e ideas a otras personas de forma paranormal. Considerando la cantidad de información está disponible, es seguro decir que te queda un largo camino con la telepatía. Sin más que decir, vamos a comenzar a aprender todo lo que necesitas saber sobre cómo desbloquear tus poderes psíquicos.

1

¿Qué es la telepatía?

Las habilidades psíquicas existen de muchas maneras. Desde la clarividencia hasta la precognición y la telepatía, las personas han manifestado sus dones psíquicos en diferentes formas. Existen varias maneras en las que le puedes utilizar tus habilidades psíquicas en sus varias manifestaciones. Tu tipo psíquico no se trata de cómo sientes las cosas; más bien, se trata de qué es lo que experimentas. La telepatía es uno de esos tipos psíquicos que muchas personas poseen, ya sea que se hayan dado cuenta o no.

"Tele" y "pathe"

Estas son dos palabras griegas que conforman la palabra telepatía. *Tele* significa distante y *pathe* significa sensación.

. . .

También puede significar ocurrencia. A partir de esto, simplemente puede decir que la telepatía significa una sensación o una ocurrencia remota. En otras palabras, implica sentir algo que está lejos de ti. La definición estándar para telepatía es la transmisión de datos o información de una persona a otra sin el uso de los canales sensoriales conocidos. La Sociedad de la Investigación Psíquica define la telepatía como "el pasaje paranormal de información de una persona a otra". Aparte de estas definiciones, puedes decir que la telepatía significa comunicar tus pensamientos, emociones, ideas y conceptos mentales a otra persona sin tener que interactuar con ella por medio de los cinco sentidos o del cuerpo físico. En esencia, la mente es la herramienta principal para la comunicación en la telepatía. La telepatía se trata de una comunicación mente a mente.

Las personas que están bien versadas en la telepatía consideran que es un medio para transmitir información paranormal. Esto significa que la información no puede ser comprobada científicamente.

Aun así, la investigación científica ha demostrado que la telepatía puede ser real, incluso si su concepto no es muy bien aceptado por la comunidad científica. La telepatía es de lo oculto. La misma idea de la comunicación mente a mente ha existido por años, mucho antes de que Hollywood comenzara a hacer películas con personajes que tuvieran poderes telepáticos. Las culturas antiguas tienen registros detallados de telepatía tanto en tradición oral como en escrita. Entonces era considerada una habilidad natural que la poseían todos los seres humanos y una habilidad única para las personas entrenadas y con dones.

Menos mal, esto todavía es cierto en la actualidad. Cualquier persona puede aprender a comunicarse telepáticamente siempre y cuando tenga ganas. Si quieres comenzar a comunicarte con otras personas utilizando tu mente, puedes hacerlo si le dedicas el esfuerzo requerido.

La historia de la telepatía es bastante interesante. La telepatía data de tiempos antiguos anteriores a los griegos y a los egipcios, aunque la palabra para designarla no fue inventada hasta finales del siglo XVIII. Los egipcios antiguos creían que los espíritus podían mandar mensajes de un individuo a otro por medio de los sueños. Los antiguos griegos también creían que los sueños podrían ser utilizados para mandar mensajes de una persona a otra.

El conocimiento de la telepatía, los sueños y demás ha sido preservado por años por muchos grupos indígenas.

. . .

"Telepatía" es una palabra que fue creada en 1882 por Frederic W. H. Myers, un estudioso de lo clásico y fundador de la Sociedad para la Investigación Psíquica.

Al inicio, se referían al fenómeno con otro tipo de palabras o frases como lectura de pensamientos, transferencia de pensamientos y comunicación de pensamientos. Myers creía que "telepatía" era un término más adecuado para el fenómeno. Así pues, se volvió más popular que las expresiones originales. Al inicio, la investigación sobre la telepatía comenzó a finales del siglo XVIII con Franz Anton Mesmer. Mesmer es conocido por popularizar el concepto de mesmerismo, a lo cual también se le conocía como magnetismo animal. Aquellas personas que creían en el magnetismo eran llamadas magnetistas. Entonces, los magnetistas descubrieron que los sujetos magnetizados o hipnotizados podían leer la mente de los magnetistas e incluso a responder. Toma en cuenta que he definido la lectura de mentes como la habilidad para sentir los pensamientos de otras personas y sentir las instrucciones mentales. Esto fue lo que inició el interés en la investigación telepática.

Posteriormente, en el siglo XIX, la telepatía se volvió un fenómeno observable en la psicoterapia, la cual todavía estaba en su período de surgimiento. Esto motivó el interés de William James en el fenómeno, lo que lo llevó a ser defensor del estudio científico. Considera que la Sociedad para la Investigación Psíquica (SPR por sus siglas en inglés) fue fundada en 1885. Fue entonces cuando el estudio científico de la telepatía comenzó realmente. De hecho, la telepatía fue la primera habilidad psíquica en ser observada y estudiada científicamente.

Esto se hizo para establecer una relación entre el fenómeno psíquico y la ciencia. El estudio científico de la telepatía fue el principal objetivo para establecer una sede americana de la SPR en 1885. William James fue uno de los miembros de la Sociedad Americana para la Investigación Psíquica que llevó a cabo experimentos respecto a la telepatía.

Los experimentos iniciales fueron relativamente sencillos y directos. Implicaban poner dos individuos en habitaciones diferentes. Una persona actuaba como aquella que mandaba números, palabras e imágenes. La otra persona servía como receptora de números, palabras e imágenes.

Luego, el fisiólogo Charles Richet introdujo las posibilidades a las pruebas, lo que llevó al descubrimiento de que la telepatía puede suceder fuera del hipnotismo. Con la adición de la posibilidad matemática a los experimentos, las pruebas se volvieron más avanzadas. Tiempo después, en 1930, J. B. Rhine, un botánico americano y miembro de la Universidad de Duke en Carolina del Norte, comenzó los experimentos de percepción extrasensorial (ESP por sus siglas en inglés). Las pruebas para estos experimentos implicaban jugar cartas con símbolos especiales. Al inicio, estas cartas se llamaron cartas Zener y luego fueron renombradas cartas ESP. Rhine descubrió que era todo un reto asegurar si la comunicación psíquica de información sucedía por medio de la precognición, de la telepatía o de la clarividencia. Concluyó que la telepatía es la misma habilidad psíquica que la clarividencia, aunque ambas se manifiestan de forma diferente.

También descubrió que la distancia y los obstáculos en realidad no afectan la comunicación telepática entre emisor y receptor. Otros métodos de prueba surgieron como resultado del trabajo de Rhine en la telepatía. A finales del siglo XIX, hubo mínima controversia en la comunidad científica alrededor de la posibilidad de la percepción extrasensorial.

Con los años, han surgido muchas teorías con el fin de explicar la telepatía y su funcionamiento. Es interesante que ninguna de estas teorías fuera considerada adecuada.

. . .

Esto se debe a que, justo como dijo Rhine, las habilidades psíquicas están entremezcladas entre uno y otro. Simplemente no se puede separar a uno de otro para contar los elementos de las experiencias psíquicas. La telepatía no puede ser explicada sin la clarividencia, y esto mismo sucede con otros fenómenos psíquicos. A pesar de los avances de muchas teorías, a la ciencia todavía le falta obtener el entendimiento o explicación de cómo funciona la telepatía. A continuación, hay una lista de las características que han sido observadas con los años. Considera que estas características no son aplicables en todos los casos.

- La telepatía está conectada muy de cerca a los estados emocionales del emisor y del receptor.
- Las mujeres tienen una mayor inclinación a la telepatía que los hombres.
- Las habilidades telepáticas pueden hacerse más fuertes con la edad, posiblemente porque los cinco sentidos físicos se debilitan con la edad. Esto agudiza la facultad telepática de la persona.
- Es más sencillo inducir la telepatía en un estado de sueño.
- Ocurren cambios biológicos específicos durante la telepatía. Por ejemplo, las ondas cerebrales del receptor son iguales a las del emisor cuando comparten un mensaje telepático.

- La telepatía se hace más fuerte durante la luna llena. Esto sugiere que el campo de energía cósmica juega un papel en la emisión y recepción telepática de mensajes.

Como dijo Rhine, las habilidades psíquicas conocidas para los humanos están todas mezcladas entre ellas.

Podrías considerar que la telepatía es como alguien que escucha los pensamientos de otra persona. En el mundo psíquico, a esto se le conoce como clariaudiencia, lo que básicamente significa escuchar claramente. La clarividencia es la habilidad que implica ver o visualizar los pensamientos y emociones de otra persona. La clarisentencia es la habilidad para sentir los pensamientos y emociones de otra persona. Debes tomar en cuenta que una similitud en estas habilidades psíquicas es que todas tienen que ver con tener acceso a información sobre otra persona de forma paranormal. Esto demuestra que estas habilidades en verdad se mezclan unas con otras.

Aunque es una habilidad no suele estar asociada con los humanos, uno esperaría que las personas no creyeran en la existencia de la telepatía o de cualquier otra habilidad psíquica. Con los años, han existido casos comprobados de fraude psíquico. Se ha demostrado que muchas personas que han dicho poseer poderes psíquicos son en realidad mentirosas y fraudes que han engañado a la gente por razones egoístas. A pesar de estos casos, muchas personas todavía creen que las habilidades psíquicas como la telepatía y la clarividencia existen. Hay muchas razones para esto. Recientemente, un reporte descubrió que aquellos que creen en lo psíquico tienden a pensar menos objetivamente o analíticamente. Esto significa que tienden a ver las cosas desde una perspectiva personal, lo cual no necesariamente es malo. Otra razón por la que las personas creen en las habilidades psíquicas se debe a la existencia de descubrimientos positivos en las investigaciones científicas. Debido a las evidencias mezcladas por parte de la comunidad científica, los creyentes en las habilidades psíquicas tienen razones para aceptar las declaraciones que dicen que son genuinas y reales. Mientras siga habiendo casos que sugieran que estas habilidades son reales o posibles, los creyentes seguirán creyendo. Esto no implica nada malo necesariamente.

La telepatía no sólo se considera como la habilidad para comunicar pensamientos e ideas.

También se cree que la telepatía se puede utilizar para influenciar los pensamientos y las ideas de los demás.

Cuando esto sucede, la telepatía se vuelve control mental.

. . .

Ya que hemos proporcionado un vistazo a la historia de la telepatía y a las preocupaciones científicas alrededor de este fenómeno, los siguientes capítulos se concentran en revelar los secretos de la telepatía y cómo funciona según lo oculto.

2

Tipos de telepatía

La telepatía es una combinación de diferentes actividades psíquicas, las cuales todas tienen su centro en la mente. Por lo general, cuando piensas en comunicación, piensas en la comunicación oral o verbal por medio de la escritura o el habla. Pero como ya hemos explicado, la telepatía es la comunicación por medio de la mente. Si piensas en los superhéroes y los alienígenas cuando escuchas hablar de la telepatía, eso está bien. Sin embargo, la realidad es diferente. No necesitas una capa a fuerzas para tener la habilidad de comunicarte con los demás utilizando la mente. La telepatía es una habilidad que ya tienes, incluso si todavía no lo sabes. Es por eso que el propósito de este libro es ayudarte a "desbloquear" tus dones. La telepatía es más natural de lo que probablemente piensas.

. . .

Todos tienen la habilidad innata para sintonizar con el consciente de otras personas para intercambiar mensajes con ellas.

Las actividades telepáticas varían de persona a persona. Cuatro actividades telepáticas muy conocidas se manifiestan en los humanos. Estas son:

- Lectura de mentes: ser capaz de sentir o escuchar lo que sucede en la mente de otras personas.
- Comunicación mental: comunicarse directamente con otras personas sin utilizar palabras o gestos.
- Impresión telepática: implantar palabras o pensamientos en la mente de otra persona. También se puede plantar una imagen.
- Control mental: ser capaz de influenciar y controlar las acciones de otra persona al controlar sus pensamientos.

Para que comprendas por completo la telepatía, debes comprender la conciencia humana más allá del nivel superficial. Debes comprender la a un nivel mucho más profundo. Los humanos generalmente tienen una conciencia, la cual es esencialmente la conciencia de las sensaciones.

La conciencia es la base de toda la experiencia

humana. Cuando comprendas la conciencia humana a profundidad, también vas a comprender que es posible conectarse con la conciencia de otras personas. Se puede hacer esto al alinear tu red de conciencia con la de la otra persona que elijas. Otra forma de comprender esto es ver las cosas desde una perspectiva de energía. Los humanos vibran con energía. Cada humano tiene un campo de energía que lo rodea, al cual también se le conoce como aura. Por medio del aura puedes transmitir frecuencias de tu campo de energía a la otra persona. Cuando tu frecuencia de vibraciones se alinea con la de otra persona, se vuelve posible la comunicación telepática con esa persona. De esta forma, no necesitas sus sentidos para comunicarte, ya que has establecido una conexión áurica.

De hecho, las habilidades psíquicas, como la clarividencia, la clarisentencia y la clariaudiencia se activan por medio de la comprensión del campo áurico. Y, ya que hemos establecido que estas habilidades están todas conectadas a la telepatía de una forma u otra, tienen sentido que el campo de energía vibratoria también juegue un papel en la comunicación telepática. Muchas personas creen que los psíquicos son los únicos que tienen estas habilidades, pero eso no es cierto. Los psíquicos no son muy diferentes de ti.

. . .

No necesariamente poseen una habilidad especial más allá de las que están presentes en todo el mundo. Sin embargo, la diferencia es que los psíquicos le han dedicado el esfuerzo requerido a comprender y aumentar sus habilidades. Por lo tanto, se ha vuelto algo más natural para ellos.

Ahora vamos a explicar a profundidad las cuatro actividades telepáticas más comunes que ya hemos mencionado antes.

Lectura de mentes

La forma más sencilla para definir o pensar en la lectura de mentes es la habilidad intuitiva para conocer los pensamientos no hablados. La lectura de mentes es una de las actividades telepáticas más comunes en las que muchas personas se involucran, ya sea consciente o inconscientemente. Sin duda, al menos has tenido un momento en el que sabías lo que estaba en la mente de una persona sin que ella te lo dijera. O pudo ser que otra persona te dijera algo que estabas pensando sin que tú le hubiera dicho lo que era. Esta experiencia no está limitada solamente a ti o a unas cuantas personas. La experiencia es bastante común.

Leer los pensamientos de otras personas comienza al

leer a las personas mismas. Entre mejor seas a la hora de leer a las personas, serás mejor leyendo las mentes. Al aprender a poner atención a las pequeñas cosas que parecen triviales que las personas expresan con sus cuerpos físicos y palabras, puedes aprender a descubrir lo que no se dice con la boca o el cuerpo. Hasta cierto punto, es probable que hayas leído lo que estaba en la mente de una persona sin tener la intención de hacerlo. Inconscientemente, los humanos observan y comprenden ciertas cosas sobre otras personas. Pero, ya que el esfuerzo es subconsciente y a veces inconsciente, no le ponemos mucha atención a esta habilidad; incluso muchas personas desechan la posibilidad.

La lectura de mentes es una habilidad innata, todo el mundo la posee. Sin embargo, supongamos que no te entrenas a ti mismo y te concentras en utilizar esta habilidad de forma consciente. En ese caso, la habilidad no puede ser desarrollada por completo hasta el punto en el que puedas usarla de forma confiable. Los individuos que han dominado el arte de la lectura de mentes pueden imitar los pensamientos y emociones que las personas que conocen y con las que interactúan. Tome en cuenta que la definición de la lectura de mentes es la habilidad para sentir los pensamientos y emociones de otros.

. . .

Esto significa que no tienes que escuchar sus pensamientos en tu propia cabeza, sino que en puedes saber cuáles son. Sentir los pensamientos y emociones de otras personas es posible de varias maneras. Pero la manera más sencilla es concentrarse en la persona cuyos pensamientos quieres leer e intentar empatizar con ella. En términos sencillos, te pones en los zapatos de esa persona.

Al hacer esto puede saber el estado mental de esa persona.

Leer la mente de otra persona es sencillo si comprendes ciertas cosas. Lo primero que necesitas comprender es que no puedes leer la mente de otra persona a menos que abras tu espíritu. La lectura de mentes requiere abrir tu aura a las personas a tu alrededor. Ciertas cosas, como el estrés, la frustración, la ansiedad y ese tipo de cosas, suelen impedir que una persona se abra a los demás. Para superar este obstáculo, primero debes asegurarte al momento presente. Esto significa que tienes que dejar ir todos los pensamientos y emociones, dejando tu mente vacía para darle espacio a la información de la otra mente. Debes estar dispuesto a absorber la energía que te rodea mientras mantienes tus propios pensamientos dentro de sus límites. Luego, también necesitas "ver" a la otra persona.

En ese sentido, ver a la persona se refiere a hacer

consciente de su energía y frecuencia. Esto te da la tan necesaria perspectiva de su situación. Por último, tienes que concentrarte en ella. La concentración te permite conectar con su energía y cuerpo sutil, lo que te revela mucho sobre la persona.

Comunicación mental

Esta es la comunicación directa con otra persona sin el uso de palabras o gestos corporales. La comunicación mental es lo que la mayoría de las personas considera telepatía; descuidan los otros aspectos, incluyendo la lectura de mentes, la impresión y el control. La comunicación mente a mente ocurre de formas ordinarias en la vida diaria. Tal vez ya te hayas comunicado mentalmente con otra persona sin haber puesto atención a ese hecho.

Es de sentido común que los humanos siempre están en contacto con los demás por medio de la comunicación mental en las interacciones del día a día. Cada día mandamos y recibimos pensamientos, emociones, mensajes e información más allá de los cinco sentidos, los cuales se supone son los medios de comunicación.

. . .

Seguramente ya habrás escuchado de alguien que dice que está "en contacto" con sus seres amados. Cuando las personas dicen esto, puede parecer que simplemente lo están diciendo sin una razón, pero ese no es el caso.

Uno puede detectar pensamientos, emociones, humores y deseos de los seres amados sin importar la distancia y otros factores. Por ejemplo, una madre puede saber cuándo su hijo, que está a cientos de kilómetros, está en peligro. ¿Cómo es esto posible? Sin duda, es posible detectar el estado interno de otra persona al leer su expresión facial, lenguaje corporal, tono de voz, etcétera. Pero el hecho es que también te comunicas frecuentemente con otras personas a niveles más allá del físico, es decir, más allá de lo que es observable al nivel físico. Todavía no estás en sintonía con la actividad de forma consciente. ¿Alguna vez has pensado en alguien y luego has recibido una llamada de su parte poco tiempo después? ¿Qué tan seguido entras a una habitación e inmediatamente puedes saber si no le agradas a alguien en ese lugar? La comunicación mental se manifiesta de formas diferentes.

Contrario a lo que puedes pensar, tus pensamientos son tangibles. Tienen una forma, pero no de manera rígida como las cosas del mundo físico.

. . .

Los pensamientos pueden ser percibidos y transmitidos más allá de los sentidos físicos. Dependiendo de tu percepción, los pensamientos pueden asumir formas y colores. Siempre se están moviendo y cambiando de maneras más allá del entendimiento ordinario. Sin embargo, el estado presente del mundo ha hecho aún más difícil la comunicación mental con otras personas. En el mundo moderno estamos desconectados de la naturaleza, somos adictos a la tecnología, y nuestra psique está continuamente bombardeado con todo tipo de información y mercadotecnia. Todo esto hace que sea muy difícil sintonizar con nuestros sentidos extra físicos para comunicarnos con otras personas. Eso afecta nuestra habilidad para conectar y mantenernos en contacto con los demás, tanto de forma intuitiva como empática.

Para las personas indígenas que han logrado preservar la integridad estructural de su cultura, la comunicación mental y la telepatía como algo completo son una parte normal de sus experiencias diarias. Como resultado, aquellas personas que eligen ser chamanes o psíquicos pueden desarrollar estas habilidades a niveles que pueden llegar a parecer extraordinarios. La habilidad se fortalece y se desarrolla por medio de la inmersión de la persona que en prácticas espirituales complementarias. Al igual que cualquier otra habilidad, se puede mejorar con la práctica y la concentración.

La impresión telepática de hecho entra dentro de la

categoría de comunicación mental. Implica dejar palabras, pensamientos e incluso ideas en la mente de otra persona. Psicológicamente, a esto se le puede conocer como una técnica de manipulación. Aun así, realmente depende del tipo de información que se implante.

Además, esto se hace de forma telepática. La manipulación en la psicología suele implicar la sugestión de pensamientos e ideas en la mente de otra persona por medio de la comunicación oral. La impresión telepática, por otra parte, se hace sin el uso de palabras o cualquier cosa relacionada. Uno simplemente proyecta una imagen, una palabra o una idea en la mente del otro individuo para que así vea exactamente lo que está en la mente del emisor.

Control mental telepático

La telepatía también se puede utilizar para influenciar o controlar los pensamientos y emociones de otra persona. Cuando controlas o influencias a alguien más con tu mente, a eso se le llama control mental. En sí mismo, el control mental es un término muy amplio. Se puede utilizar en diferentes contextos.

Cuando piensas en control mental, es probable que la primera cosa que venga a tu mente es la esclavización de otra persona. Incluso en las películas en los programas de televisión, el control mental se utiliza para que las personas se vuelvan marionetas o robots. Sin embargo, esto sólo sucede en un entorno ficticio. En la realidad, lo que más se llegara a parecer al control mental, tal y como lo representan las películas, se encuentra en ciertas prácticas religiosas, específicamente las que tienen mucha demanda como son los cultos y las organizaciones ideológicas. En estas prácticas utilizan la privación extrema de sueño, hipnosis, drogas que alteran la mente, manipular a las personas para que se cuestione su propia salud mental, influencia subliminal, etc. para controlar a influenciar los pensamientos y emociones de los miembros. En la mayoría de los casos, estos métodos realmente funcionan, pero sólo si se aplican de forma colectiva. Individualmente, no pueden controlar los pensamientos y las emociones de otras personas.

No obstante, telepáticamente hablando es muy posible influenciar los pensamientos de otra persona al implantar otras cosas en sus mentes. Cuando controlas telepáticamente los pensamientos de alguien más, estás controlando sus acciones sin darte cuenta. Esto se debe a que los pensamientos predicen las acciones.

Por desgracia, las personas malvadas intentan utilizar el control mental telepático en otras personas durante la noche cuando están durmiendo. Hacen esto porque es mucho más fácil ejercer control sobre la mente cuando la persona está dormida. El control mental telepático se trata por completo de influencia se puede lograr con o sin el uso de estrategias o herramientas externas. Puede ser beneficioso o destructivo, dependiendo de las personas involucradas. Cuando se utiliza de forma positiva, el control mental telepático también puede ayudar a facilitar los cambios de vida que son beneficiosos. Por otra parte, también puede destruir a la persona cuando se usa de forma negativa. Como he dicho antes, todo esto depende de la persona que ejerce la influencia sobre la mente de alguien más. Esta es la razón por la cual las personas indígenas han intentado limitar el conocimiento de la telepatía a las personas que se cree que son puras de corazón.

Muchas personas creen que estas cuatro actividades telepáticas son tipos de telepatía, pero no es así, razón por la cual he explicado primero que estas cuatro actividades.

Contrario a este malentendido tan común, existen tres tipos de telepatía: telepatía por instinto, telepatía mental y telepatía espiritual.

Algunas personas también consideran la telepatía animal como un tipo de telepatía. La telepatía mental y por instinto, ambas han sido sustentadas por estudios científicos que datan del siglo XIX. La telepatía espiritual se explica mucho mejor desde la perspectiva espiritual.

Vamos a explicar cada uno de estos tipos de telepatía, uno por uno.

Telepatía por instinto

¿Tus instintos alguna vez te han dicho algo que resultó ser cierto? Si alguna vez has tenido esta sensación o pensamientos sobre alguien que resultó ser correcto, a esto se le conoce como un presentimiento porque viene de una parte que es interior a ti. Un presentimiento es un ejemplo perfecto de una manifestación de la telepatía instintiva. La telepatía por instinto es el tipo más común de telepatía. Es el tipo de telepatía que los humanos comparten con los animales.

La telepatía por instinto todavía es muy usada como una forma de comunicación entre las personas indígenas.

Es una forma de comunicación por medio del chakra del plexo solar, el cual es el chakra de la emoción y el instinto.

. . .

Los sacerdotes hawaianos nativos, a los cuales se les conoce popularmente como Kahunas, creen que el plexo solar es el origen de la telepatía instintiva. Creen que los mensajes telepáticos se mandan y se reciben entre las personas por medio del plexo solar. Para lograr la telepatía instintiva con otra persona, tu plexo solar tiene que mandar el mensaje, el cual luego es detectado por el plexo solar del receptor. Los Kahunas también creen que el cuerpo etérico de una persona manda un hilo plateado y pegajoso al plexo solar de la otra persona, estableciendo así una conexión entre las dos. Después de eso, los mensajes telepáticos se envían por medio del hilo conector. De acuerdo con los Kahunas, el mensaje telepático primero es recibido por el ser inferior, el cual también es el ser instintivo. El ser inferior es llamado Unhipili. Desde el ser inferior, el mensaje se manda al Uhane, el ser medio o racional. Por último, el mensaje se eleva hasta la mente y se vuelve un tipo de memoria. Cuando la comunicación telepática repetidas sucede entre dos personas de esta manera, el hilo plateado eventualmente se vuelve una cuerda y la cuerda etérica tiene como resultado una comunicación telepática más fuerte entre dos o más personas.

Puedes mandar las cuevas desde tu cuerpo etérico a los extraños con un simple saludo de mano o una mirada.

. . .

Es interesante que las personas indígenas de otras culturas tienen creencias similares a los Kahunas de Hawái. Los hombres indígenas del Kalahari de África creen que hay un cordón en el ombligo que conecta a los humanos con otras criaturas vivas. Creen que este cordón es una tira plateada de energía que está presente en todas las criaturas. Por medio de este cordón, los hombres del Kalahari fueron capaces de mandar y recibir mensajes telepáticamente. Los aborígenes de Australia creen que su *miwi* hace que sea posible para ellos comunicarse a distancia.

Se cree que el miwi está localizado en la boca del estómago. Se puede traducir como instinto o alma. También se cree que el miwi hace posible predecir el futuro. Así como los Kahunas hawaianos, los japoneses también creen que el plexo solar hace posible la comunicación instintiva, no verbal. Ellos creen que su *haragei* hace posible que conozcan las intenciones de otras personas esta palabra se traduce más o menos como vísceras o intestinos. Los hombres de negocios japoneses confían en su haragei cuando toman decisiones de negocios. Si su haragei no conecta con el de la otra persona, es probable que rechazan la oferta de negocios.

Las culturas occidentales utilizan los presentimientos para describir este fenómeno como lo han experimentado los Kahunas, los hombres del Kalahari, los aborígenes australianos y los japoneses.

. . .

Es probable que hayas tenido al menos una situación en la que hayas confiado en tus instintos cuando intentaba tomar una decisión. También debes haber tenido momentos en los que tus instintos simplemente te decían que no confiaras en una persona. Los instintos y los presentimientos son todos manifestaciones de la telepatía instintiva. Como ya hemos mencionado, la telepatía instintiva utiliza el chakra del plexo solar, el cual es el tercer centro de energía en el sistema de energías. La telepatía por instinto permite a la persona sentir las emociones y las necesidades de alguien más a lo lejos. Los momentos críticos de la telepatía instintiva suelen ocurrir entre personas que comparten lazos emocionales muy fuertes, como los novios, las parejas casadas, los mejores amigos, gemelos, padres e hijos.

Por ejemplo, quieres algo para tu cumpleaños, algo específico, como un collar con tu nombre grabado. No le digas a nadie porque quieres que te den algo que sí puedan pagar.

Para tu sorpresa, tu mejor amigo te obsequia exactamente lo que querías para tu cumpleaños. Cuando le preguntas, te dice algo como "simplemente creí que esto era algo que querrías". Este es un buen ejemplo de la telepatía incentiva. Tu mejor amigo fue capaz de sentir tu deseo y necesidad. Te comunicaste con esa persona de forma telepática.

Telepatía mental

La telepatía mental es lo que todos creemos comúnmente como telepatía. La mayoría de las personas no conocen otro tipo de telepatía. La telepatía mental es la telepatía mente a mente. Esta forma de telepatía utiliza el chakra de la garganta para la comunicación. Ocurre en el lugar de los niveles inferiores del plano mental, localizados en el campo áurico. Para practicar la verdadera telepatía mental necesitas un centro de atención preciso y de una sola dirección. La telepatía mental suele confundirse con la canalización de trance. Esta es una forma de médium en la que una entidad asume el cargo del cuerpo de un canal para transmitir un mensaje. La telepatía mental, por otra parte, sucede entre dos mentes conscientes y concentradas. La lectura mental, la comunicación mental, la impresión telepática y el control mental telepático son todos formas de telepatía mental.

Existen dos ejemplos muy conocidos de telepatía mental que son discutidos popularmente en entornos esotéricos y científicos. Estos ejemplos provienen de los trabajos de Alice Bailey, Helena Roerich y Helena Blavatsky. Se creyó que cada una de estas mujeres llegó a trabajar con un grupo de monjes tibetanos de los himalayas. Estas mujeres sirvieron como amanuenses para los maestros tibetanos. Sus libros, en particular los de Helena Blavatsky, fueron de mucha influencia en el esoterismo y en la ciencia. De hecho, se dijo que Albert Einstein era un admirador de los trabajos de Blavatsky. Se dijo que Helena Roerich se había comunicado con el maestro tibetano Morya para crear libros de filosofía espiritual por medio de la telepatía mental. Alice Bailey trabajó con el maestro tibetano Djwal Khul para crear 19 libros que hablaran de la conciencia y de la evolución humana.

Cuando tenía 19 años, Bailey recibió una visita del maestro quien dijo que trabajaría con ella en el futuro.

Veinticuatro años después, Bailey escuchó una voz dentro de su cabeza que le pedía ayuda para escribir y producir una serie de libros. Ella aceptó. Al inicio, Bailey sólo podía escuchar y escribir las palabras conforme aparecían en su cerebro una por una.

Con el tiempo, conforme sus almas se sintonizaron, ella obtuvo acceso directo a los pensamientos e ideas de su maestro. Por más de 30 años, ella trabajó con Morya para crear una serie de 19 libros. Bailey es la responsable de introducir los conceptos New Age a la cultura pop.

. . .

Por desgracia, la verdadera telepatía mental es rara en la actualidad. Para que una persona logre la verdadera telepatía mental, debe estar en sintonía con su subconsciente.

Considera que la telepatía mental puede ser espontánea o deliberada. Podemos presenciar momentos de telepatía mental espontánea cada día. Si otra persona y tú alguna vez han dicho algo de forma simultánea, eso es telepatía mental espontánea. Sin embargo, la telepatía mental deliberada la puede lograr las personas que eligen concentrarse en la práctica de la telepatía con una verdadera intención.

Telepatía espiritual

La telepatía espiritual también se conoce como telepatía de alma a alma. Esta es la forma de telepatía más avanzada y más elevada.

También es la más difícil de lograr. La telepatía alma a alma sucede en el chakra de la corona y en los niveles más elevados del plano mental. Se vuelve posible sólo cuando has establecido exitosamente una conexión entre tu cerebro, mente y alma. Cuando logras alinear tu cerebro, mente y alma, te vuelves un intermediario entre los Reynoso físico y espiritual. Seres espirituales como los ángeles, guías espirituales y lo divino no pueden afectar directamente cualquier cosa en el mundo material. Más bien, requieren a las personas con un enlace de comunicación directa entre su cerebro y su alma. Luego pueden transmitir información, pensamientos e ideas por medio del alma, la cual luego se pasa y se imprime en el cerebro.

Sin la conexión del alma, la telepatía espiritual es imposible. Una conexión entre almas puede ser descrita como una cuerda por las que fluye la energía espiritual entre los centros de energía de dos almas en el plano espiritual.

Imagina que la conexión de las almas es un cable que permite que la energía fluya de un alma a otra. Un ejemplo de la conexión entre almas que es la cuerda de llamas gemelas, la cual hace posible la telepatía entre los gemelos. Pero este no es el único tipo de conexión de alma reconocido que existe entre los humanos.

Todos tienen conexiones de alma preexistentes con las personas que comparten un grupo de almas. Las conexiones de almas permanecen dormidas hasta que conoces a las personas en tu grupo de almas. Cuando las conoces, la conexión de alma se activa, lo que hace que la comunicación telepática sea posible y sencilla. Por medio de la conexión del alma puedes mandar y recibir energía. Esto aumenta significativamente tu habilidad para ponerte en los zapatos de otras personas, lo cual es parte de lo que requiere la telepatía. El potencial de la telepatía espiritual es uno de los beneficios de compartir energía espiritual por medio de la conexión de almas.

Telepatía animal

Algunas personas se pueden comunicar telepáticamente con los animales. Los animales también se comunican entre ellos de forma telepática. La comunicación telepática entre dos humanos no es muy diferente de la comunicación telepática entre humanos y animales. Ambas suceden a través de la mente. Ya que los animales no se pueden comunicar de forma verbal, pero de todas maneras encuentran formas para mandar y recibir mensajes entre ellos, se cree que la telepatía es el lenguaje del reino animal. Aunque muchas personas no se dan cuenta, los animales son seres que sienten.

Tienen sus propios deseos, propósitos y elecciones para comunicarse con las personas que están dispuestas a escuchar o a poner atención. Los comunicadores animales pueden comunicarse telepáticamente con los animales para determinar sus pensamientos, emociones, necesidades y deseos. Muchas personas acuden a los comunicadores animales para que los ayuden a interactuar con sus mascotas. Si llegas a dominar las técnicas de telepatía en este libro, también puedes comunicarte con tu mascota de forma telepática.

No olvides que la telepatía mental es el objetivo de este libro. Requiere cuatro actividades: leer, comunicar, imprimir y controlar. A lo largo de este libro vas a descubrir cómo practicar cada una de estas habilidades telepáticas.

3

Los beneficios de usar telepatía

Las habilidades psíquicas tienen muchos beneficios; razón por la cual muchas personas las llaman dones.

Naturalmente, entre más receptivo te vuelvas a la comunicación psíquica, más avanzado te vuelves emocional, mental y espiritualmente. Limitar tus habilidades a mandar y recibir información con tus cinco sentidos es lo mismo que limitarte a ti mismo como individuo. Mejorar tu comunicación más allá de tus cinco sentidos puede mejorar todos los aspectos de tu vida, desde las relaciones hasta las finanzas y la concientización. Aunque esto te parezca muy extraño, tus problemas de relaciones personales se pueden solucionar a partir de una consciencia psíquica mejorada.

. . .

La telepatía hace que la comunicación sea más efectiva, reduce las posibilidades de malentendidos y errores de interpretación.

Las palabras se pueden interpretar erróneamente, pero si implantas un pedazo de información de tu propia mente dentro de la mente de alguien más, sin importar quién sea esta persona, es mucho más probable que te comprendan como lo deseas.

Todos los seres humanos tienen un banco de inteligencia más elevada accesible a ellos cuando se vuelven más conscientes de lo psíquico. Esta inteligencia elevada supera el alcance de tu razonamiento personal. De hecho, el razonamiento personal es una de las limitantes que todos sufrimos por ser seres humanos. Cuando desbloqueas esta inteligencia más elevada que viene con ser psíquicamente consciente, puedes aplicarla a diferentes aspectos de tu vida. Por ejemplo, digamos que te das cuenta de que tu pareja se siente incómoda. Intentas encontrar la causa, pero no puedes descubrir qué es. Supongamos que eres telepáticamente capaz y receptivo con tus sentidos psíquicos. En ese caso, tienes una mayor probabilidad de ver la causa de su incomodidad. Puedes leer fácilmente su mente para descubrir con precisión qué es lo que está mal, pero eso no es todo.

También tiene la oportunidad de descubrir la solución

perfecta para el problema. Existen más formas en las que la telepatía y otras habilidades psíquicas pueden ayudarte a mejorar tu vida personal, social, profesional y espiritual.

Vamos a explicar cómo.

Mejor comunicación

Conforme desarrollas tu habilidad telepática, también mejora tus habilidades de comunicación. No sólo contigo mismo, sino también con las personas a tu alrededor. Una mejor comunicación es uno de los beneficios principales de la telepatía. Hay mucho potencial en el desarrollo de las habilidades telepáticas. Piensa en lo increíble que sería si tan sólo pudieras ver a una persona y descubrir ciertas cosas sobre ella. Sería muy increíble si pudieras leer la mente de una persona y descubrir cosas sobre ella que pudieran mejorar la relación con ella. Con la telepatía puede determinar precisamente cómo se siente una persona, en vez de cómo te dice ella que se siente.

También puedes descubrir la causa de sus emociones, ya sean positivas o negativas.

Cuando conoces a alguien nuevo, puedes utilizar tus habilidades telepáticas para descubrir todo lo que ha vivido hasta ese momento. Esto te ayudará a asegurar la mejor forma de interactuar con esa persona.

Imagina ser capaz de saber con precisión cuando tu ser amado necesita apoyo o cualquier cosa de ti. Piensa en cómo haría sentir a las personas a tu alrededor si tan sólo supieras saber las cosas correctas en cualquier momento, incluso si sólo apenas las conoces por primera vez. Existe un nivel de intimidad que sólo se puede lograr con otra persona cuando sucede la comunicación efectiva. La telepatía te hace emocionalmente inteligente. Cuando puedes saber cuál es la emoción que una persona siente, también sabrás cuál es la mejor manera de responder. Precisamente esto es lo que implica la inteligencia emocional.

La telepatía mejorar tu precisión

Esto se remonta al primer beneficio de la telepatía, es decir, una mejor comunicación. Sin duda, la telepatía es más precisa que cualquier otra forma de comunicación.

También es más precisa que cualquier lenguaje. Esto se debe a que la telepatía puede comunicar incluso las cosas más abstractas y lo sintético, lo cual suele ser un lenguaje bastante complicado. El lenguaje, ya sea escrito o hablado, es apto para compartir mensajes de menor frecuencia con una estructura lineal. Entre más detallada sea la información, más difícil es comunicarla efectivamente para el ser humano promedio. La comunicación oral o escrita se puede volver subjetiva no importa que tan objetivo intentes ser con tu elección de palabras y gramática. Por ejemplo, puedes decir algo a alguien y esa persona lo va a ver de forma diferente de lo que tú tenías en mente. Esa es una razón por la cual comunicarse por medio del lenguaje tiende a causar conflicto sin importar las intenciones de los que se comunican.

Por otra parte, la telepatía mejora la precisión de la información. Puede comunicar la realidad precisamente como está en la mente del comunicador. Si le quieres decir algo a alguien y no quieres que te mal entienda, todo lo que necesitas hacer es implantar la imagen de lo que quieres decir exactamente como está en tu mente. Hacer esto no permite la mala interpretación. O simplemente puedes mandar un mensaje directo de mente a mente, el cual sería imposible de discutir.

De cualquier manera, la comunicación es mucho más precisa respecto a cómo comunicas y transmites la información a las personas a tu alrededor. Esto también sucede para las personas que se comunican contigo. Un mundo en el que todos pueden mandar y recibir información directamente por medio de sus mentes es un mundo envidiable.

Mandar y recibir una gran cantidad de datos

Este es otro beneficio de la telepatía que es particularmente fascinante cuando piensas en ello. La telepatía proporciona a los humanos la oportunidad de intercambiar datos extensos con facilidad, sin importar el tamaño.

Y lo más emocionante es que también se vuelve sencillo intercambiar datos multidimensionales. Como dice el dicho, una imagen vale más que mil palabras. En este caso, imprimir la información en la mente es el equivalente a miles de imágenes. Por medio de la impresión mental, puedes intercambiar fácilmente capas de datos multidimensionales que pueden incluir cualquier cosa desde lenguaje hasta sonidos e imágenes. Uno también puede intercambiar otras formas de información que los humanos todavía no han llegado a conocer o identificar. Las formas actuales de comunicación por medio del lenguaje nos han estado limitando de experimentar una gran cantidad de datos más allá del alcance de las descripciones del lenguaje. La telepatía presenta una oportunidad para mejorar la capacidad y la calidad de la comunicación de forma global. Esta es una de las razones por las cuales podemos estar agradecidos de que la telepatía es algo que todos pueden aprender.

Mayores vibraciones

Para desbloquear tus habilidades de telepatía, la meditación es algo que debes incluir en tu rutina diaria. Se ha comprobado que la meditación aumenta las vibraciones.

Ya sabes que todo lo que existe y está hecho de energía.

Existe una fuente importante de energía que conecta todo lo que existe en el cosmos. Esta energía también fluye a través de todas las cosas. Ahora bien, la energía existe en un espectro. Este espectro está hecho de frecuencias que llamamos vibraciones. De un lado del espectro tienes las vibraciones inferiores o bajas.

Estas son frecuencias densas que se asocian con las emociones y los sentimientos negativos, como el enojo y la envidia. Del otro lado del espectro tienes las vibraciones elevadas o altas, frecuencias asociadas con emociones y sensaciones positivas como el amor y la felicidad. Cuando estás en el lado de la vibración elevada del espectro, significa que la energía que fluye a través de ti es una de amor y felicidad. Este es el mismo tipo de energía en la que existen los seres elevados. Esta también es la frecuencia en la que puedes encontrar tu ser elevado; ahí es donde viven las almas. De hecho, todos tienen su ser elevado en el estado de altas vibraciones. Esto significa que estar en un estado vibracional alto te permite conectar con tus se ha elevado y con la conciencia colectiva del universo. Esto te da acceso a la información de los ángeles, de los guías espirituales, de los maestros ascendidos e incluso de lo divino.

La telepatía requiere meditación diaria para mantenerte en la mentalidad adecuada para utilizar tus habilidades psíquicas. La meditación te ayuda a alcanzar el estado vibracional elevado que necesitas para acceder a tus habilidades psíquicas. Cuando te encuentras en ese estado vibracional elevado, tus portales psíquicos se abren y tus vibraciones están al máximo nivel. Entre más practiques la telepatía, más cerca estarás del extremo más elevado del espectro de energía.

Y entre más cerca estés del estado vibracional elevado, te volverás mejor utilizando tus habilidades telepáticas, así como otras habilidades psíquicas. Es una situación en la que sales ganando ya que necesitas llegar a un estado vibracional elevado para desarrollar más tus habilidades.

. . .

Abrir tus centros de energía

Tus siete chakras conforman tus centros de energía. Son los portales a través de los cuales fluye la energía de los campos de energía de tu cuerpo físico. Unas chakra saludables y balanceados son muy importantes para tu bienestar físico, mental, emocional y espiritual. Los chakras son esenciales. Sin ellos no podrías utilizar ninguna de las habilidades psíquicas que tienes. De hecho, necesitas mantener los chakras abiertos y balanceados en todo momento si quiere ser capaz de comunicarte psíquicamente. Tus chakras están directamente relacionados con tus portales psíquicos. ¿Recuerdas lo que hemos hablado de los Kahunas y de los japoneses que creen que el plexo solar es el responsable de la comunicación distante? Bueno, hay un el chakra del plexo solar que está relacionado con el plexo solar, y cuando este chakra se abre, te hace clarisentiente.

Esto significa que serás capaz de sentir los pensamientos, emociones y necesidades de otra persona por medios psíquicos. Como ya hemos establecido, la telepatía está relacionada con otras habilidades psíquicas, como la clarividencia, la clarisentencia y la clariaudiencia. Si en estas otras habilidades, es seguro decir que tal vez descubras que la telepatía es difícil o imposible. Lo bueno es que es improbable que poseas una de estas habilidades sin poseer las demás.

Para abrir tus portales psíquicos, tienes que trabajar y en abrir tus chakras y asegúrate de que se mantengan abiertos y balanceados en todo momento. Esto se logra por medio de la meditación. Las meditaciones para el chakra son esenciales para mantener los chakras balanceados y saludables. La práctica telepática requiere que hagas meditación de chakra para mantener tus chakras, en especial el chakra del tercer ojo, abiertos. De esta forma, la telepatía te ayuda a mantener tus centros de energía abiertos. Esto significa que la energía continuará fluyendo a tu cuerpo físico a través de los centros de energía manteniéndote en un estado saludable y vibrante.

Entre más practiques tus habilidades telepáticas, más va a mejorar tu bienestar físico, mental, emocional y espiritual.

Si existe una manera para asegurar que tus portales psíquicos se mantengan abiertos, es el uso regular de tus dones psíquicos.

Consciencia y descubrimiento

. . .

Como con todas las habilidades psíquicas, la telepatía mejora tu conciencia sobre ti mismo. Pero no sólo lleva al autodescubrimiento, sino que también te hace más consciente de otras personas. Cuando eres telépata tienes la oportunidad de conectar los patrones de tus acciones con las emociones que sientes en lo profundo de tu ser. Esto también aplica para las personas con las que interactúas.

El autodescubrimiento es algo que todo el mundo debería vivir en su camino en este mundo. Ser telépata hace que el autodescubrimiento sea más sencillo. La telepatía requiere que estés más en sintonía con tu conciencia. Esto es precisamente lo que necesitas para descubrirte a ti mismo y volverte más consciente de ti mismo. Cuando el autodescubrimiento y la autoconciencia suceden, eso tiene como resultado el lado confianza en uno mismo.

Desarrollar la parte psíquica de ti mismo es todo lo que necesitas para tener más confianza en ti mismo y en tu propósito en la tierra. Hace que sea más sencillo para ti enfrentarte y superar los retos.

Digamos que has perfeccionado tus habilidades telepáticas desde la lectura de mentes hasta la comunicación, la impresión y el control mental. Entonces conoces a alguien con quién intentas hacer un trato. No lo sabes, pero esta persona tiene otros planes para ti, algo negativo. Y algo que esta persona no sabe es que tú puedes leer su mente.

Así pues, lees su mente y descubres sus pensamientos y emociones respecto a ti. Con este conocimiento puedes cancelar el trato rápidamente. Al hacer esto, has utilizado tu habilidad para superar un reto que pudo haber prevenido que cumplieras uno de tus propósitos. La telepatía te proporciona validación para tus emociones y pensamientos. Si te sientes de forma negativa respecto a una persona que parece ser agradable y amigable, tal vez te culpes a ti mismo por sentirte de esa manera. Sin embargo, si utilizas tu don de telepatía para revisar su mente, tal vez seas capaz de descubrir porque te sientes de esa manera respecto a esa persona. Es soledad validación a tus emociones.

No importa qué tipo de persona aparente ser, si tus instintos no la aceptan, es probable que debas ser precavido.

Te prepara para recibir mensajes espirituales

La telepatía requiere que estés presente en el momento.

. . .

Esto se logra por medio de sesiones de meditación.

Cuando meditas, dejas que tu mente entre en un estado de paz y tranquilidad. El tu objetivo de la meditación para despertar y mejorar tus habilidades telepáticas es calmar tu mente para lo que está a punto de mandar o recibir. Esto es muy importante para conectar con tu conciencia elevada o espíritu. Tienes que entrar a este estado si quieres utilizar la telepatía espiritual para recibir mensajes del plano espiritual. Estos mensajes pueden ser cualquier cosa, desde una guía hasta una advertencia. El porqué necesitas lograr un estado mental tranquilo antes de recibir los mensajes de espirituales es algo bastante claro.

Imagina que te encuentras en una habitación con mucha gente y ves a una persona que conoces del otro lado del cuarto. Saludas con la mano e intentas decirle hola, pero esta persona no te regresa el saludo ni dice nada. Obviamente, no te puede ver o escuchar porque la habitación está repleta de gente. Ahora, imagina que te encuentras en la misma habitación y no hay nadie excepto tú y esa persona. Él o ella será capaz de ver y escuchar todo lo que digas y hagas inmediatamente cuando entres a la habitación. Así es cómo funcionan la telepatía y la meditación. Sin la meditación regular, sería imposible mandar y recibir mensajes telepáticos. No puedes intercambiar información si tu mente es un lugar caótico; el mensaje se vería interrumpido y no serías capaz de encontrarle algún sentido. No obstante, cuando la mente está en silencio, significa que tu mente está en el espacio necesario para que el Espíritu te mande mensajes. El ruido mental hace que sea imposible recibir la guía del plano elevado. Al practicar regularmente la telepatía mental con las personas a tu alrededor, te abres a la posibilidad de la telepatía espiritual. El uso regular de las habilidades telepáticas significa que tu mente se mantiene en un estado de paz y tranquilidad constante. Esto es precisamente lo que necesitas para conectar con la conciencia colectiva.

La telepatía es una forma efectiva de conectar con el espíritu y recibir instrucciones y otra información de utilidad.

Oportunidad para explorar los planos elevados

Cuando finalmente eres capaz de establecer una conexión con el Espíritu al practicar con regularidad tus habilidades psíquicas, te abres a la posibilidad de visitar y explorar los reinos espirituales. Como ya hemos aclarado, la telepatía requiere que estés en sintonía con tu conciencia y con la conciencia colectiva del universo.

. . .

Llegar a este estado te abre a varias oportunidades que otras personas no tienen el privilegio de conocer. Existen ciertos lugares a los que tu cuerpo físico no puede acceder. Sin embargo, tu alma o espíritu puede visitar esos lugares. Sin embargo, antes de que tu espíritu obtenga el acceso a estos lugares, necesitas de estar en un estado de altas vibraciones. Como ya hemos establecido, la práctica de la telepatía es útil para incrementar tus vibraciones, lo que significa que tienes más probabilidades de conectar con tu alma. Con tu alma puedes explorar los reinos espirituales y tener acceso a información importante. Puedes conocer ángeles, maestros, guías espirituales, etc. Hay muchas cosas por aprender sobre ti mismo y sobre el cosmos cuando visitas a los reinos espirituales.

Si no realizar ciertas cosas que la práctica de la telepatía requiere que hagas, tal vez no logres nada de esto.

Mejores relaciones

¿Cómo serían tus relaciones si pudieras comunicarte efectivamente y con precisión sin ningún obstáculo? ¿Cómo serían si estuvieras en sintonía contigo mismo y siempre presente en el momento? ¿Cómo serían tus relaciones si pudieras resolver cualquier problema al descubrir directamente lo que está en la mente de la otra persona?

. . .

Cuando todo esto es posible, el resultado final son mejores relaciones. Una de las mejores formas de mejorar tus relaciones con otras personas es trabajar en tus habilidades de inteligencia emocional. Existen muchos libros sobre la inteligencia emocional, pero en realidad necesitas estos libros. La inteligencia emocional es una de esas cosas que vienen en conjunto con ser telépata.

Tu relación con las personas, las plantas, los animales y otras criaturas va a mejorar significativamente cuando puedas crear una conexión telepática con ellos.

Transparencia

La total transparencia se vuelve algo factible cuando todos utilizan la telepatía. Como ya hemos explicado antes, la telepatía hace posible que nosotros nos comprendamos el uno al otro de la forma más extraordinaria posible. No habría limitaciones ni obstáculos para comunicarnos con todo el mundo cuando todos están en sintonía con su ser telepático. Cuando esto suceda, significa que habrá una completa transparencia de los pensamientos, emociones y acciones de todo el mundo. Esto puede parecer algo aterrador al inicio. Después de todo,

¿que sería más aterrador que la posibilidad de que todo el mundo tenga acceso a la mente de los demás? La idea de que la persona de al lado sea capaz de ver todos tus pensamientos es algo aterrador. Sin embargo, este miedo se disipará rápidamente cuando te des cuenta de que la vida es mejor si no estamos intentando encontrarle sentido al mundo y a las personas todo el tiempo.

Una vez que comprendas las verdaderas razones detrás de las personas, como el dinero, el poder o el estatus, puede ser que incluso seas capaz de ayudarles a curarse de esa obsesión con cosas terrenales.

La telepatía tiene muchos otros beneficios que se vuelven aparentes conforme sigas practicando tu habilidad y utilizando tu don.

¿Cómo puedes saber si tienes el don de la telepatía? Todo el mundo tiene latente este poder; pero no todos saben qué buscar. El siguiente capítulo te proporcionará diez señales a las cuales debes poner atención si quieres saber si eres un telépata dotado.

4

Diez señales de que tienes el don

Las personas creen que la telepatía es un don psíquico aislado, separado de la clarividencia y otras habilidades.

Esta no es la forma correcta de pensar sobre la telepatía.

Para ser un verdadero telépata, tienes que ser clarividente, clarisentiente, claricognosciente, etc. También, la mayoría de las personas creen que la telepatía es una habilidad complicada que no pueden aprender las personas comunes. Una vez más, esto es equivocado. Hasta cierto punto, todos tienen presentes en ellos un nivel de habilidad psíquica, incluyendo la telepatía. Por ejemplo, cuando conoces a un extraño primero te conectas automáticamente con su energía.

Incluso cuando no conoces a la persona, sus auras de

todas maneras se pueden conectar. Por eso es que puedes conectar con una persona con la que solamente has hablado por teléfono. Entramos al aura de la otra persona incluso antes de conocernos físicamente. No lo sabes todavía, pero la telepatía tiene un papel importante en la forma en la que te conectas con las personas.

Las personas que conocerás en tu futuro son personas con las que tu yo interno ya ha establecido una conexión telepática, probablemente porque comparten el mismo grupo de almas. Antes de que conozcas a alguien nuevo, tu yo interior ya ha contactado con esa persona telepáticamente. Esto sucede de forma subconsciente así que, por supuesto, no sabes cuándo sucede. Hasta cierto punto, sólo te vuelves amigo de aquellos individuos con los que compartes ciertas similitudes. Las similitudes entre tus amigos y tú se transmiten y son posibles en primer lugar por medio de la conexión de energía; luego, esta conexión establece el enlace telepático por medio de las similitudes que intercambian.

La mayoría de las personas desarrollan sus habilidades en la infancia. De hecho, las habilidades psíquicas son más prominentes en la infancia la mayoría de las veces.

. . .

En la infancia, uno está en la edad de la inocencia, lo que hace más fácil percibir las sensaciones psíquicas. Entre más crezcas, más difícil se vuelve, a menos que practiques consistentemente y sigas en sintonía con tu ser interior.

Los dones psíquicos pueden ser transmitidos por medio de amigos íntimos o familiares. De forma directa o indirecta, un ser amado te puede enseñar habilidades psíquicas. Sin embargo, a veces uno cultiva las habilidades psíquicas como respuesta a los estímulos del entorno.

Como niño, puedes ver más, sentir más y escuchar más.

Ten en cuenta que existen instintos básicos que existen para ayudarte a sobrevivir a tu medio ambiente. Pero, conforme creces, te vuelves menos sensible a tu entorno. Ciertas creencias que cultivas durante tu periodo de crecimiento de niño a adulto también ayudan a reducir tu conexión con el mundo que te rodea. Por medio del condicionamiento, tu subconsciente reprime tus dones psíquicos y se sumerge por completo en el mundo físico.

Tal vez llegues a aceptar que el mundo físico es el único reino de la realidad.

Lo bueno es que todos dones psíquicos sólo se han

reprimido; no dejan de existir por completo. En ocasiones, estos dones pueden aparecer brevemente frente a tus ojos. Por ejemplo, tal vez sientas las necesidades de otra persona antes de que lleguen a decirlas en voz alta y entonces se preguntan cómo fuiste capaz de saberlo.

No existe una forma definitiva con la que las habilidades telepáticas se manifiesten en las personas. Ser existen algunas formas comunes. Un caso es que algunas personas simplemente nacen como clarisentientes.

Personas como está simplemente tienen una sensación clara de que saben sobre todas las cosas. Simplemente saben cosas incluso cuando no tienen la intención.

Algunos nacen con el sentido claro de la vista; a estas personas se les conoce como clarividentes. Pueden ser capaces de ver espíritus y otros seres de otros mundos debido a su habilidad. Cuando naces como clarividente o clarisentiente, tienes una mayor inclinación a tener el don de la telepatía. Algunas personas también tienen el don de la clariaudiencia, la habilidad para percibir estímulos más allá del sentido del oído. Un clariaudiente puede escuchar cosas sin la necesidad de utilizar sus oídos.

Algo que es muy común con estas habilidades psíquicas es el uso de sentidos más allá de los sentidos físicos que todos conocemos. En esencia, esta es la base de la telepatía, la comunicación sin el uso de los cinco sentidos. El punto es que tener unos de estos dones te hace tener una mayor inclinación al don de la telepatía. En algunos casos, cuando este don se ha reprimido, un evento que cambia tu vida puede despertar esa parte de ti. Una vez que esto ocurre, te abres a la exploración de tu don.

Existen varias maneras en las que tu habilidad psíquica se puede volver aparente para ti. Puede ser que incluso hayas utilizado tu telepatía mental antes y te sentiste confundido respecto a cómo fue posible. Bueno, menos mal existen maneras en las que puedes saber si tienes dones telepáticos o psíquicos.

A continuación, aquí presentamos 10 de las formas más comunes para saber si tienes el don de la telepatía.

Algunas de ellas tienen ejemplos que te darán a comprender mejor y saber si antes has estado en una situación similar.

1.- Tus presentimientos son muy fuertes

. . .

Todo el mundo llega a experimentar presentimientos, lo cual es la habilidad para sentir algo respecto a una persona o situación. Lo que sientes puede ser algo bueno o malo, dependiendo de la persona o de la situación.

Supongamos que tu instinto suele ser preciso sobre las personas, eventos o cualquier cosa. En ese caso, significa que tienes presentimientos poderosos. También significa que puedes tener telepatía u otras habilidades psíquicas.

Los presentimientos como un telépata son muy diferentes a los de una persona ordinaria. El impulso suele ser mucho más sustancial. Como telépata, eres más sensible a las percepciones y sensaciones a tu alrededor. Esto explica por qué un telépata puede saber cuándo un ser amado en otro lugar está en peligro o algo similar. Tu impulso psíquico es más vigoroso y claro que el de la mayoría de las personas. Si alguna vez has sentido como que eras jalado hacia una dirección específica, junto con una sensación clara de saber lo que sucedía, entonces puede ser que seas telépata. Además, las personas ordinarias tienen presentimientos de forma aleatoria y ocasional.

Ser un telépata significa que tu ser instintivo siempre está alerta. La telepatía instintiva es algo normal para ti cuando tienes este don. Ahora que, cuando comienzas a explorar tu don psíquico, te vuelves más abierto a otros tipos de telepatía, como la telepatía espiritual o la telepatía animal. A continuación, un ejemplo de cómo se manifiesta esta señal de telepatía.

Tu mejor amigo acaba de conocer a una persona que le interesa para salir. Por supuesto, tienes que conocer a esta persona, así que tu mejor amigo elige un día para cuando puedan conocerse. En ese día, estás en el lugar de reunión y tu amigo llega con su nueva pareja. Inmediatamente sientes algo extraño sobre esta nueva persona. No sabes qué es, pero sientes que no puedes confiar en ella. No quieres hacer enojar a tu amigo, así que decides guardarte esa sensación para ti mismo. Eventualmente, tu amigo descubre que su nueva pareja no es quien decía ser. Tu presentimiento sobre esa persona demostró ser cierto.

2.- Predices cosas que no han ocurrido con bastante precisión

Es una cosa tener un fuerte presentimiento sobre una persona o una situación, pero predecir el futuro es algo completamente distinto. Sí puedes predecir las cosas antes de que sucedan, tienes un don psíquico muy fuerte, y quizás seas un telépata. Predecir el futuro es una de las señales más evidente de que una persona puede ser un telépata. Además, si las cosas que predices resultan ser ciertas la mayoría de las veces, entonces se vuelve más evidente que tienes este don. En este contexto, predecir el futuro no necesariamente significa que tengas una narración detallada, escena por escena, de algo que va a ocurrir. Las pequeñas ocurrencias y predicciones también cuentan.

Ejemplo: el día es brillante y soleado. El sol brilla mucho y no hay nubes a la vista. Aun así, tienes una fuerte sensación de que va a llover pronto. Tu madre se está preparando para salir de casa. Le dices que lleve un paraguas; se ríe y dice que el cielo está demasiado despejado como para llover. Piensas que probablemente está en lo correcto. Tu madre sale de casa. Pasan 30 minutos y el cielo empieza a oscurecerse y el sol ya no es visible. Las nubes se acumulan y, antes de que puedas darte cuenta, empieza a llover con fuerza.

Esto puede parecer algo sacado de una película de ficción. Sin embargo, si es algo que te ocurre comúnmente, quizás tengas habilidades psíquicas.

3.- Tus sueños son vívidos

¿Alguna vez has tenido un sueño en el que todos se sentía demasiado real que no pudiste olvidarlo por varios días? Este tipo de sueños se conocen como sueños lúcidos.

. . .

Si sabes algo sobre los sueños lúcidos, entonces es probable que ya sepas que están relacionados con las habilidades psíquicas. Es más fácil visitar el plano espiritual cuando tienes un sueño lúcido. Cuando una persona se encuentra en el estado de sueño, hay muy poca o nula resistencia. Esto significa que tu mente no puede interferir en con lo que pasa en tu sueño. El mundo de los sueños es el mejor lugar para recibir pistas intuitivas. Entre más te abras, es más fácil llegar a los lugares de mayor consciencia, como el estado de sueños lúcidos. El sueño en este contexto no se refiere solamente a cuando duermes en la noche. También puedes tener sueños vívidos estando despierto. Si sueles tener sueños lúcidos, tal vez tengas poderes psíquicos muy fuertes que comienzan a desbloquearse.

Ejemplo: estás viendo la televisión en la sala, hay una película, pero sientes que comienzas a dormitar. Te cuesta trabajo mantener los ojos abiertos, pero antes de que lo sepas, ya estás soñando. Mientras estás en el mundo de los sueños, sueña sobre un amigo de la secundaria.

No has visto a esta persona desde hace mucho tiempo.

En poco tiempo comienzas a despertarte y recuerdas tu sueño. Es que es algo curioso, pero no puedes deshacerte del recuerdo de ese sueño durante todo el día. Te preguntas por qué, pero lo dejas pasar. Al día siguiente te encuentras con esta persona en tu camino al trabajo.

4.- Eres muy receptivo con los estímulos sensoriales

Esto es algo muy común con las personas que tienen un don psíquico. Así pues, si eres un telépata, tal vez descubras un día que eres bastante receptivo con los estímulos.

Generalmente, los telépatas tienen una gran percepción extrasensorial. Eso significa que sus sentidos son muy agudos, comparados con los de una persona promedio.

Pasar por un despertar telepático aumenta tus sentidos, en especial tu sentido del oído. Cuando comienzas a ver colores de luz justo en tu visión periférica, tal vez estés pasando por un despertar.

Si eres muy receptivo con los estímulos sensoriales, tal vez descubras que puedes sentir los pensamientos y emociones de otras personas antes de que lo comuniquen verbalmente. Por ejemplo, puede ser que termines las oraciones de otra persona bastante seguido. Y esto no sólo sucede con las personas que conoces, sucede con varios individuos. Esto se asocia con la telepatía.

. . .

5.- Eres muy empático

Esto está relacionado con la señal anterior, pero de diferente manera. La empatía es la habilidad para ponerte en los zapatos de otra persona. Los telépatas pueden hacer esto debido a su habilidad para sentir los pensamientos y emociones de otras personas. Cuando puedes conocer las razones detrás de los pensamientos y las emociones de una persona, es mucho más fácil empatizar con ella. Si eres del tipo que siente las emociones de otros con gran intensidad, incluso si no están cerca, entonces es muy probable que seas un telépata. Y también eres un empático.

6.- Regularmente experimentas diferentes sensaciones

Si sueles experimentar una sensación de cosquilleo en el área entre tus cejas, esta es otra señal de que puede ser un telépata. La zona entre tus cejas es el lugar del chakra del tercer ojo. El chakra del tercer ojo es necesario para tu habilidad telepática. De hecho, sin el tercer ojo, muchas de las habilidades psíquicas no serían posibles. No puedes ver más allá de tu vista física si en el tercer ojo. El tercer ojo hace posible ver y sentir cosas que los ojos físicos no pueden ver. El área del tercer ojo suele cosquillear más frecuentemente cuando el chakra del tercer ojo se abre o cuando recibes señales de energía específicas. El cosquilleo puede ser más frecuente durante la etapa de apertura y desarrollo cuando tu chakra se está desarrollando. Por lo general, es inofensivo y suele desaparecer después de un momento. Pon atención al área del tercer ojo y debes estar atento a cualquier cosquilleo o sensación similar.

Una sesión de meditación puede ayudarte a calmar la sensación cuando comienza.

7.- Sientes una fuerte conexión con el mundo espiritual

Ser un telépata hace que desarrolles una conexión con el reino espiritual.

Como resultado, puedes sentir la presencia de espíritus en el mundo físico más rápido que otras personas. Tu conexión con el mundo espiritual surge conforme te vuelvas más consciente de tu don, así que no te sorprendas. Tal vez descubras que puedes conectarte con el mundo de los espíritus para interactuar con tus seres amados o con los seres amados de otras personas. Es bastante común que las personas con dones telepáticos eventualmente se vuelvan médiums.

. . .

8.- Sientes inclinación por la espiritualidad

Muchos espiritualistas no comienzas solo estando interesados en el espiritualismo o en las habilidades psíquicas.

Es bastante común que acudan al espiritualismo cuando se vuelven más conscientes de sus dones. Si estás leyendo este libro, probablemente se deba a que piensas que eres un telépata. Un aspecto del despertar telepático es que suele llevar a las personas al aprendizaje. Si eres un telépata, sin duda sientes la necesidad de aprender más sobre tu don. Conforme te despiertas, comienzas a deshacerte de tu viejo ser, sientes la necesidad de desarrollar tu espiritualidad. Esto te lleva a trabajar más en tu transformación, crecimiento y evolución espiritual.

9.- Recibe destellos intuitivos con más frecuencia

Los destellos intuitivos pueden presentarse de diferentes maneras. Tal vez seas del tipo que recibe visiones por medio del tercer ojo o tal vez sólo sientes cuando algo va a suceder. Aun así, ambas son fuertes señales de que tienes habilidades intuitivas. Dependiendo de quién seas, puedes creer que esto es algo emocionante o aterrador.

. . .

Por suerte, puedes hacer varias cosas para minimizar la velocidad con la que recibes los destellos si te dan miedo.

No obstante, hacer esto significa que estás evitando que experimentes el despertar telepático completo. Debes aceptar tus habilidades y utilizarlas para ayudar a los demás.

10. Te dan dolores de cabeza con más frecuencia

Los dolores de cabeza son terribles, pero no puedes deshacerte de ellos cuando estás pasando por el despertar telepático.

Estos dolores de cabeza son causados por la apertura de tu chakra del tercer ojo y el flujo de energía que resultante. La mejor forma de controlar estos dolores de cabeza es remojar tus pies en agua, de preferencia tibia.

Hacer esto hace que la energía que estás recibiendo aterrice, lo que significa que está siendo alejada de tu cabeza. Considera añadir sales de Epsom al agua, ya que lo hace más relajante.

. . .

La primera vez que experimentas tu don telepático, se puede sentir extraño y poco familiar. Pero esto no debería ser una razón para tener miedo. Las sensaciones que experimentas durante el despertar son completamente normales; todos los telépatas experimentan estas cosas.

De hecho, deberías sentirte emocionado porque ahora tienes oportunidad para el crecimiento y evolución espiritual. Así pues, emocionante con tu nuevo viaje. Asegúrate de ser más consciente de ti mismo y de tus alrededores. Si cualquiera de los puntos explicados anteriormente se te hacen familiares, el siguiente paso que puedes tomar es fomentar tus dones telepáticos.

5

Aumentar tus niveles de energía espiritual

Para comenzar a desbloquear tus dones telepáticos, primero debes comprender con qué sentido psíquico estás trabajando. Como principiante en la práctica de la telepatía, no puedes navegar en el mundo psíquico de forma efectiva a menos que hayas dominado uno de los sentidos psíquicos y hayas descubierto con cuál estás más en sintonía. Es igual a cuando eres un niño y apenas estás comenzando a conocer el mundo; primero tienes que dominar tus cinco sentidos físicos. Hasta que conozcas tus sentidos psíquicos, puedes comenzar a conectar de las experiencias que has tenido con un concepto psíquico. Cuando no eres consciente de con qué estás trabajando, simplemente no puedes encontrar la palabra o el término adecuado para definir tus experiencias. Pero una vez que aprendas estas cosas, tus experiencias se vuelven más entendibles y reales para ti, de tal forma que se alinean con tus habilidades.

Aprender y dominar los sentidos psíquicos es difícil,

en especial para psíquicos nuevos que apenas están conociendo el mundo psíquico. Aún más importante, necesitas el conocimiento para determinar en qué parte del espectro de los sentidos psíquicos te encuentras. Al aprender, comprendes lo que es natural para ti y lo que de verdad necesitas mejorar y aumentar. El conocimiento de los sentidos psíquicos reduce el espíritu del mundo que parece estar separado del mundo real. También puede hacer parecer que los dones psíquicos sean menos misteriosos. Así pues, vamos a comenzar con los sentidos "Claris".

Ya hemos mencionado cosas como la clarividencia, la clarisentencia, la clariaudiencia y demás en capítulos anteriores. También hemos hablado sobre la importancia de desarrollar estas habilidades como un telépata. Estas tres son partes de lo que conforman tus sentidos psíquicos. Los sentidos psíquicos también se llaman Claris, los para sentidos, meta sentidos o sentidos del alma.

En tu cuerpo humano físico utilizas los ojos para ver, la nariz para oler, la piel para sentir, la lengua para saborear y los oídos para escuchar. Pero cuando se trata de los sentidos Claris, puedes llegar a experimentar todas estas sensaciones, pero no por medio de los sentidos físicos.

Esto significa que puedes ver sin utilizar tus ojos físicos.

. . .

Tienes más sentidos psíquicos que sentidos físicos. No obstante, relacionar los sentidos psíquicos con tus cinco sentidos ordinarios hace que sea más fácil de comprender.

Después de todo, los sentidos psíquicos también realizan las funciones de tus sentidos físicos. La única diferencia es que estos sentidos te permiten sentir cosas que están más allá del mundo físico.

Una cosa que comparten todos los sentidos psíquicos es que todos comienzan con la palabra Clari, que significa claro. Básicamente, cuando veas la palabra Clari frente a cualquiera de los sentidos psíquicos, significa que ese sentido está amplificado y ahora es más claro. Naturalmente, todos tenemos los sentidos psíquicos, pero según los expertos, somos dominantes en al menos uno o dos de estos sentidos. Esto significa que, aunque tengas todos los sentidos Claris, algunos son más prominentes para ti que otros. Tal vez seas capaz de utilizar un sentido Clari de forma natural y sin esfuerzo, lo que significa que es tu sentido psíquico dominante. Sin embargo, necesitas práctica para desarrollar y mejorar todos los otros sentidos. También, puedes comenzar a controlarlos cuando utilices estos sentidos. Después de todo si eres clarividente, no quieres comenzar a ver espíritus en cualquier lugar al que vayas sin ser capaz de hacer que desaparezcan. Naturalmente, uno de tus objetivos debería ser aprender a controlar cuándo cerrar todos los sentidos psíquicos. A continuación, explicaremos los sentidos Claris que te ayudarán a determinar cuál es dominante para ti. Deberías ser capaz de saberlo a partir de las definiciones de los términos y las características que acompañan a cada sentido.

Clarividencia

La clarividencia simplemente significa ver claramente. Es el sentido psíquico que te permite ver la energía. Básicamente, la clarividencia es la vista psíquica. Los clarividentes, por medio de su tercer ojo, pueden ver cosas más allá de lo ordinario; cosas que los ojos del ser humano promedio no pueden ver. También tienen visiones. La clarividencia es uno de los sentidos más populares.

Incluso si nunca has tenido curiosidad por las cosas psíquicas, hay mucha probabilidad de que ya hayas escuchado esta palabra antes.

Al utilizar tu sentido de la clarividencia puedes ver más allá del tiempo y del espacio. Esto significa que puede ver el mundo astral, los espíritus, el futuro y muchas otras cosas que los ojos humanos simplemente no pueden ver. La clarividencia tiende a ser el sentido dominante en las personas muy visuales. Ser visual significa que comprendes mejor los conceptos y las ideas cuando se te presentan en un formato que requiere que utilices tus ojos, como en un papel escrito, una imagen o incluso en un dibujo.

La clarividencia es el sexto sentido intuitivo del que es probable que ya hayas escuchado hablar. Este sentido funciona con el ojo de tu mente, el cual también es el tercer ojo o los ojos espirituales. Las personas con clarividencia como su sentido dominante pueden ver la energía de diferentes formas, incluyendo luz, colores, imágenes y movimientos. Es común que cuando una persona escuche la palabra "psíquico", lo único que se le viene a la mente es la clarividencia. No obstante, hay una pequeña diferencia entre las dos. La clarividencia no es lo único que se requiere para ser psíquico. Cuando alguien dice que es psíquico, no significa automáticamente que son clarividentes; pueden ser clarisentientes o claricognoscientes.

Psíquico es un término muy amplio, y la clarividencia es solamente una parte del término.

Por lo general, los clarividentes reciben mensajes espirituales en la forma de pantalla que contiene símbolos e imágenes. O puede ser un bosquejo visual de una persona con rasgos específicos. También puede aparecer como una advertencia de algo que sucederá en el futuro.

Puedes reconocer las características individuales únicas cuando ves a la persona porque se aparece visualmente.

También puede ser capaz de ver algo que va a ocurrir en el futuro. No importa si el mensaje aparece en una pantalla o no. Siempre cuando recibas el mensaje en una forma visual, tu sentido psíquico dominante es la clarividencia. Los médiums psíquicos que tienen visiones y reciben mensajes del mundo espiritual suelen ser telépatas espirituales.

Se pueden comunicar con el mundo espiritual por medio del ojo de su mente.

Como telépata, si tu sentido psíquico dominante es la clarividencia significa que serás muy bueno en las impresiones mentales, lo cual es habilidad para implantar información visual telepáticamente en la mente de otras personas.

. . .

Clarisentencia

La clarisentencia literalmente significa sentir claramente.

Es la habilidad psíquica para sentir la energía. Si eres el tipo de persona que entra a una habitación e inmediatamente te sientes invadido de diferentes energías en la habitación, ya que puede sentirlas, nueve entonces eres un clarisentiente. Si puedes sentir lo que la otra persona está pensando o sintiendo, esta es otra posible señal. Los clarisentientes son muy sensibles con las personas porque sienten la energía en lugar de verla o escucharla. También puede ser que se refieran a la clarisentencia como un presentimiento. Cuando conoces a una persona nueva e inmediatamente te sientes relajado junto a ella, tu sentido de la clarisentencia está funcionando; cuando conoces a una persona y sientes que hay algo malo o extraño respecto a ella, también es el sentido de la clarisentencia.

Una persona clarisentiente es la que tiene la habilidad para sentir lo que está más allá de nuestros sentidos físicos. Como persona cuyo o sentido psíquico dominante es la clarisentencia, puedes sentir emociones positivas y negativas de las personas y de los espíritus, así como cualquier cosa que tenga energía dentro del cosmos. Todas las cosas en el mundo están hechas de energía. La mayoría de las personas no pueden ver la energía, pero siempre está irradiando en cada uno de nosotros en todo momento. Cuando te sientes de determinada manera respecto a un individuo, eso que estás sintiendo es su energía. Así, los clarividentes pueden ver la energía, los clarisentientes pueden sentir la energía. Ser clarisentientes significa que puedes sentir la energía con precisión. En otras palabras, puedes descifrar con precisión qué es lo que estás sintiendo la otra persona. Todos nacen para sentir energía, pero no todo el mundo tiene la clarisentencia como su sentido psíquico dominante. Algo intrigante sobre ser clarisentiente es que no solamente sientes lo que sucede en el presente; también puedes sentir los estados emocionales del pasado y del presente de otra persona. Esto significa que puede ser capaz de sentir su futuro. Así como con cualquier otro sentido psíquico, la clarisentencia también se asocia con el sexto sentido, tu sentido de la intuición.

Los clarisentientes son afectados por diferentes influencias. Sin embargo, todo se reduce a la sensibilidad. Son bastante sensibles a los cambios de energía a su alrededor, ni importa que tan sutiles. Tener la clarisentencia como tu sentido dominante significa que puedes sentir la energía interna y externa de formas que las otras personas no pueden, incluso cuando también tienen ese sentido. La energía que sientes va desde sentir los objetos espirituales y las percepciones, hasta el futuro.

. . .

Si eres un clarisentiente, tal vez seas capaz de comunicarte telepáticamente por medio de las sensaciones. Por ejemplo, los telépatas clarisentientes tienden a sentir cuando una persona está en peligro, a pesar de la distancia.

Una nota a tomar en cuenta es que los clarisentientes suelen ser confundidos con los empáticos, pero hay una pequeña diferencia entre estos dos. Los empáticos son personas que son altamente sensibles a las emociones de otras personas. Los clarisentientes tienden a ser empáticos porque también son muy sensibles a las sensaciones. Sin embargo, los clarisentientes son diferentes porque sienten la energía a través del universo, no sólo de su entorno.

Clariconocimiento

El clariconocimiento es conocer claramente. Este es el sentido psíquico dominante y en personas que aprenden sobre las personas, eventos y otras cosas de forma psíquica. Los claricognoscientes sólo saben cosas. Si alguna vez te has preguntado cómo llegaste a saber algunas cosas sobre otras personas sin razón aparente, eres un claricognisciente. El conocimiento viene de los espíritus, pero no puedes saber esto cuando no tienes inclinación espiritual. Simplemente pasas mucho tiempo preguntándote cómo sabes algunas cosas. El clariconocimiento es un sentido psíquico impresionante porque las cosas literalmente llegan de la nada a tu mente. Prácticamente no tienes ninguna explicación para saber de dónde vienen estas cosas y por qué llegan a ti específicamente.

Digamos que vas de camino a casa desde el trabajo.

Tienes la ruta por la que pasas cada día y tienes otra ruta que nunca utilizas. En cierto día, sin ninguna razón aparente, simplemente decides que vas a utilizar la ruta que nunca usas.

Aunque tu compañero de trabajo se sorprende, intenta convencerte de seguir tu camino de siempre. Pero algo te dicen que tomes esta segunda ruta y te vas.

El segundo camino es más largo que el primero, lo que te hace llegar a casa cinco minutos después de lo normal. Al llegar a casa, te acomodas en el sillón y prendes la televisión. En las noticias descubres que había un bloqueo en tu camino de siempre. Las personas están atoradas en el tráfico y no parece que vaya a despejarse pronto. Estás impresionado y agradeces tu buena suerte.

Bueno, esto no es tanto buena suerte, sino que es más el sentido del conocimiento. Incluso cuando no te diste cuenta conscientemente, tu guía espiritual te dejo información sobre el bloqueo en tu mente. Por eso decidiste dejar tu camino normal y utilizar la segunda ruta.

Si las personas suelen acudir a ti cuando tienen un problema, esto puede significar que eres un claricognosciente. Las personas acuden a ti porque creen que sabes la solución. Como persona claricognosciente, tienes el don para saber inmediatamente si una persona es falsa o no.

Ni siquiera tienes que sentirte de cierta manera al respecto; sólo lo sabes. Es muy fácil saber si el clariconocimiento es tu sentido psíquico dominante, sólo tienes que poner atención y ver la información que aparece en tu cabeza de la nada. También, debes saber cómo te sientes sobre la información que recibes. Si tu corazón es verdadero y real para ellos, quizás seas claricognoscientes. La gran diferencia entre los clarividentes y los claricognoscientes es que los clarividentes ven las cosas, mientras que los claricognoscientes saben cosas. No necesitan ver algo antes de saberlo.

. . .

Clariaudiencia

La clariaudiencia es el cuarto sentido psíquico y literalmente se traduce a escuchar con claridad. Este es un sentido que de verdad tienes que desarrollar si quieres utilizar tus habilidades telepáticas. No importa si es tu sentido psíquico dominante o no. Si eres clariaudiente significa que puedes escuchar cosas más allá del rango físico o normal. Recibes información de forma intuitiva y guía de los espíritus y otros seres fuera del reino material por medio del oído. Esto no significa que solamente tienes que escuchar cosas que suceden en el reino de los espíritus. Más bien, significa que puedes escuchar cosas que no pueden detectar los cinco sentidos ordinarios.

Por ejemplo, puedes escuchar los pensamientos de otra persona claramente como si estuvieran hablando en voz alta. Si no eres consciente psíquicamente, tal vez creas que te está volviendo loco. Solamente pensar en esto puede ser aterrador, por lo cual es de mucha utilidad ser consciente psíquicamente.

Si eres clariaudiente, la información llega a ti en una gran variedad de formas. Una de estas formas es que la información puede llegar como sonidos inteligibles. Los sonidos pueden ser nombres, frases, palabras e incluso letras de canciones. Cuando tu sentido de la clariaudiencia se está despertando, vas a experimentar una gran variedad de sensaciones, desde un zumbido hasta presión en los oídos. Eventualmente, puedes comenzar a escuchar voces en tu cabeza. Naturalmente, las voces que escucha son diferentes de las que sueles escuchar. Puede sonar como si otra persona aparte de ti hablara directamente en tu cabeza. O puede sonar como un eco de otro plano dimensional. No te sorprendas si la voz que escuchas es la de un ser amado que ya no está en este plano terrenal.

Muchas personas nacen para ser clariaudientes, lo que significa que la clariaudiencia es su habilidad psíquica dominante.

Sin embargo, aunque no haya has nacido de esta manera, puedes adquirir esta habilidad por medio de la práctica.

Considera que los mensajes clariaudientes se pueden recibir de cuatro maneras diferentes. La primera forma es por medio de tu propia voz. Esta forma de mensaje es sutil y puede parecer que tienes un diálogo en tu mente.

Pero, en realidad, la voz que estás escuchando es la de un guía espiritual o cualquier otro espíritu. Este es una forma diferente de guía interna que recibes cuando estás en sintonía con tu ser elevado. Tienes que aprender a diferenciar entre tu guía interna y la voz de la clariaudiencia.

La segunda forma de los mensajes clariaudientes se recibe por medio de las voces espirituales. Estos suelen sonar como voces de seres amados y conocidos que ya han fallecido. Las vas a escuchar exactamente a como eran cuando estaban vivos. Otra forma en la que puede recibir los mensajes es por medio de sonidos. Por ejemplo, tal vez escuches tu nombre cuando estás solo. También puedes escuchar ruidos, susurros, conversaciones o el sonido de una radio. Lo más importante que debes tomar en cuenta aquí es que el sonido que escuchas tiene sentido para ti.

Si no puedes encontrar la fuente física del sonido, el mensaje puede ser generado por un espíritu cercano.

Por último, los mensajes clariaudientes a veces vienen como advertencias. En casos de peligro, puedes llegar a escuchar el mensaje como si fuera en voz alta, aunque no haya nadie alrededor. Esto puede ser desde un zumbido hasta un grito.

. . .

Además de estos cuatro sentidos, los cuales se consideran los sentidos psíquicos primarios, existen otros dos sentidos.

Clarialiencia

La clarialiencia es el sentido de oler con claridad. Es cuando puedes oler cosas que no tienen una presencia física. Por ejemplo, cuando alguien está cerca de ti, una de las cosas que huele es puede ser el aroma de su perfume. Sin embargo, si tienes el don de la clarialiencia, serás capaz de oler su perfume incluso cuando no esté cerca de ti. También serás capaz de olerlo cuando ninguna de sus pertenencias esté a tu alrededor.

Cuando hueles algo de una persona que conoces en su ausencia, significa que su energía está a tu alrededor. Lo que sea que huelas es de la energía en tu entorno. Si tu habilidad psíquica dominante es la clarialiencia, tu sentido del olfato puede ser abrumador. Un sentido del olfato fuerte y poderoso puede conectarte con eventos o recuerdos pasados o futuros. Por lo general, el aroma que hueles viene del mundo espiritual, lo que significa que los espíritus intentan comunicarse contigo. El aroma puede estar relacionado con el espíritu. Por ejemplo, puedes oler el tabaco favorito de una persona cuando estaba viva.

. . .

Clarigusto

El clarigusto es el sentido de probar con claridad. Se refiere a la habilidad para probar cosas que realmente no están en el reino físico contigo. Los espíritus pueden transmitir mensajes en forma de sabores. Por lo general, el sabor será algo que amaban mientras estaban vivos.

Tu sentido del clarigusto puede ser una sorpresa porque viene con experiencias que pueden surgir de la nada.

Algunas veces se presenta cuando los fallecidos intentan provocar un recuerdo de un evento o cualquier otra cosa asociada con ciertos sabores o comidas que alguna vez fueron sus favoritas. O puede ser tu comida favorita que esa persona solía preparar para ti.

Ahora que conoces los seis sentidos psíquicos, el siguiente paso es identificar tu sentido psíquico dominante es para saber cómo te puede ayudar esto en tu despertar telepático. Por lo general, la mayoría de los sentidos psíquicos dominantes de las personas son la clarividencia, la clarisentencia, el clariconocimiento o la clariaudiencia. Los otros dos tienden a ser sentidos psíquicos complementarios. Este simple ejercicio te ayudará a reconocer cuál es tu sentido psíquico dominante.

- Siéntate en una habitación cómoda sin distracciones.
- Comienza a analizar la habitación a lo largo y a lo ancho. Asegúrate de poner atención a todos los detalles de la habitación, ni importa que tan triviales sean. Y lo que es más importante, pon atención a los sonidos, las imágenes y los olores del lugar.
- Cierra los ojos. Concéntrate en tu respiración, en el aire que entra y sale. Que tus respiraciones sean lentas y profundas conforme intentas revisar las cosas de las que te das cuenta mientras analizas la habitación. ¿Algo resalta en particular por su apariencia? ¿Quizás fue un sonido? ¿Tuviste algún presentimiento muy fuerte mientras analizabas la habitación?
- Pon atención a cómo te sientes sobre las energías en el lugar.

Este pequeño ejercicio se llama análisis del entorno.

Te puede ayudar a saber cuál de los sentidos que hemos explicado es tu sentido psíquico dominante. No deberías practicar este ejercicio en solamente un lugar. Asegúrate de realizarlo en diferentes áreas, desde el parque hasta tu lugar de trabajo, e incluso en el metro. Entre más consciente estés de tus alrededores inmediatos, más fácil será para ti darte cuenta de los cambios de energía a tu alrededor. También serás capaz de saber si ves, sientes, escuchas o solamente sabes que ha habido un cambio en la energía a tu alrededor. Conforme sigas leyendo, vas a aprender a desbloquear tu habilidad psíquica dominante para las prácticas de telepatía.

6

Usar la meditación para abrirse

Una de las cosas que han sido muy claras desde el inicio de este libro es que la telepatía no puede suceder en una mente caótica. Después de todo, ¿cómo se supone que Hernández y recibas mensajes telepáticos si tu mente está en un estado de ruido constante? Los mensajes telepáticos solamente se pueden recibir cuando hayas entrenado tu mente para mantenerte en un estado de paz y tranquilidad, sin importar en qué lugar estés y lo que estés haciendo. Utilizar las habilidades psíquicas requiere que estés presente, de otra forma, existe una manera para darte cuenta de los cambios de energía a tu alrededor. La concientización es una parte importante para utilizarlos dones psíquicos.

Como ya sabes, la meditación es la herramienta principal para tranquilizar la mente. Ya sea que quieras aprender a ver la energía, a leer la energía o comunicarte con los reinos espirituales, no puedes hacer nada de esto a menos que la meditación sea una parte consistente de tu rutina.

Para despertar tus sentidos psíquicos y la parte espiritual de tu ser, necesitas comprender el poder de la meditación.

El primer paso para utilizar tus sentidos psíquicos es estar en sintonía con tu ser interior. Lo primero que necesitas hacer para desarrollar tu telepatía es comunicarte con tu ser interior. Entre más alineado estés contigo mismo, más se van a abrir tus sentidos psíquicos y más claros serán para ti. Por lo tanto, la meditación es una parte muy importante para despertar los poderes dormidos.

Existen diferentes tipos de meditación. Sin embargo, sólo necesitas dos para abrir los sentidos psíquicos. El primero es la meditación espiritual, la cual también se puede llamar meditación trascendental. El segundo es la meditación de chakra. Si recuerdas lo que hemos explicado, los chakras son tu sistema de energía.

A menos que los chakras estén balanceados, alineados y en un estado saludable, no sería posible utilizar los sentidos psíquicos o los dones telepáticos. Incluso si el chakra del tercer ojo se encuentra en un excelente estado, los otros chakras todavía pueden afectar tu habilidad para mandar y recibir mensajes telepáticos. Por eso necesitas aprender a utilizar la meditación de chakra, para mantener tus chakras abiertos al flujo de energía vital en todo momento.

Meditación espiritual

Si nunca has intentado la meditación espiritual, puede ser un reto comprender lo poderoso que puede llegar a ser para desarrollar los sentidos psíquicos. Nunca debes olvidar la importancia de la meditación porque se trata de volverte consciente de ti mismo. Como ya hemos explicado, este es un paso que debes tomar para despertar tus sentidos psíquicos.

La meditación espiritual es una experiencia que te revela la profundidad de tu ser. Esta forma de meditación se deshace de todas las percepciones equivocadas que tienes sobre ti mismo para mostrarte tu verdadero ser.

La meditación espiritual te abre a tu verdadero ser, del cual te puedes estar escondiendo. Por ejemplo, si siempre has sospechado que tienes habilidades psíquicas, pero te has estado escondiendo por miedo, la meditación te puede ayudar a ver quién eres realmente, esto te permite dejar de huir de tus habilidades. La meditación espiritual te aferra al presente, que es precisamente lo que necesitas si quieres sintonizar con las energías a tu alrededor.

Naturalmente, puede ser que te preguntes qué es lo que vas a ganar de la meditación. Hay muchas cosas beneficiosas que te pueden ayudar en tu viaje telepático. La mayor ganancia de la meditación probablemente es el hecho de que te abre a la energía del mundo material.

Cuando meditas, te separas de ti mismo y de todo el frenesí del mundo en el que vives. Esto te ayuda a concentrarte en lo que está en tu interior y te abre a la percepción. Cuando esto sucede, puedes llegar a conocerte a ti mismo y tu ser interior se despierta.

Te vuelves más consciente del presente y deja hacer los pensamientos del pasado y del futuro.

Como humanos, la raíz de nuestro sufrimiento terrenal es la creencia de que somos una entidad distinta al Creador y a los demás. Contrario a lo que piensas, no eres simplemente una composición de cuerpo, mente, sensaciones y recuerdos. Eres mucho más que eso. Sin embargo, esta creencia falsa se ha enraizado en nuestra mente inconsciente, creando dolor. La meditación te ayuda a volverte consciente de esta creencia dañina para que puedas dejarla ir. Si no la dejas ir, el dolor te puede impedir desbloquear tus poderes y habilidades, los cuales vienen de la colección que compartes con el Creador. La meditación despierta tu deseo inherente de comprender las cerdas de tu ser. Te vuelves dispuesto a aceptar los dones que tienes. La aceptación es muy importante para utilizar tus habilidades telepáticas, de lo contrario estás bloqueando inconscientemente tu desarrollo. Después vamos a presentar algunas prácticas de meditación espiritual que puedes incorporar a tu rutina diaria para despertar tu verdadero ser y tus sentidos psíquicos. Puedes hacer estos ejercicios de forma individual o combinarlos.

La mejor forma de utilizar los ejercicios de meditación es comenzar con los ejercicios de respiración y luego continuar con los ejercicios. Realiza los ejercicios lentamente y añádelos a tu rutina uno por uno. Puedes meditar en cualquier momento del día, aunque es recomendable realizarlos en la mañana y antes de acostarte a dormir. Luego puedes seguir realizarlos en otro momento si sientes la necesidad.

. . .

Antes de que comiences con la meditación diaria, sugiero que establezcas un lugar para meditar en tu casa. Este lugar debe ser silencioso y donde no te puedan interrumpir o distraer. Cuando quieras meditar, asegúrate de no tener dispositivos electrónicos cerca, esto te ayudará a no tener distracciones. También debes tener los ojos cerrados para todos los ejercicios de meditación. Puedes comenzar con sesiones de 5 a 10 minutos cada día y, poco a poco, puedes aumentar la duración de tus ejercicios hasta 30 minutos. No tengas miedo de llegar a los 60 minutos si puedes.

Meditación de respiración básica

Como el nombre implica, este es un ejercicio de meditación esencial que puede ayudar a comenzar con tu viaje para desbloquear tus sentidos psíquicos. Pero no te dejes engañar por la sencillez de la meditación de respiración, no debes subestimar su poder y su efectividad. Esta meditación trata de poner atención a la respiración. Es algo sencillo, pero puede ser difícil de dominar. La mente es un órgano que se distrae fácilmente.

Conforme intentas concentrarte en tu respiración, tus pensamientos intentarán alejarte del presente. Cuando te concentras en tu respiración, te alejas a ti mismo del mundo físico y te concentras en lo que está dentro de ti.

. . .

Poco a poco, tu mente comenzará a tranquilizarse.

Conforme tu ego comienza a retraerse, te vuelves más abierto a la parte profunda de tu ser. La conciencia comienza a desenvolverse. A un nivel superficial, la meditación de respiración es muy poderosa. Te puede facilitar la sanación de tu cuerpo físico. La mejor forma de realizar este ejercicio es concentrándote en tu respiración sin cambiar la forma en la que respiras. Al hacer esto, te aceptas a ti mismo y te das una oportunidad para ser solamente tú. Entre más tiempo sobre esta meditación, tu mente se vuelve más tranquila.

Cuando la mente llega a cierto nivel de tranquilidad, tus sentidos psíquicos se vuelven más intensos y alertas. En ese momento se vuelve más sencillo mandar y recibir mensajes telepáticos. Para realizar la meditación de respiración básica tienes que hacer lo siguiente:

- Ve a tu lugar para meditar y siéntate en una posición cómoda en el suelo o en una silla. Es recomendable sentarse en el piso cuando eres un principiante. Con el tiempo, serás capaz de meditar incluso cuando estés de pie. Sin embargo, si eres nuevo, es mejor practicar en un lugar en el que no haya distracciones.

- Cierra los ojos. Pon atención a tu postura y comprueba si alguna parte se siente incómoda. Ajusta tu cuerpo hasta que te sientas cómodo.
- Ahora debes poner atención a tu respiración. Concéntrate en el ritmo, no intentes cambiar la forma en la que respiras. Por ejemplo, no intentes respirar más lento. Incluso si no haces esto, tu respiración se volverá más lenta y profunda después.
- No dejes de ponerle atención a la respiración. Incluso si cambia, sigue concentrándote. Deja que tu cuerpo respire precisamente cómo quiere. Lo único que tienes que hacer es poner atención. Sé uno con tu respiración.
- Naturalmente, descubrirás que tus pensamientos se distraen conforme te concentras en la respiración. Cada vez que suceda esto, regresa tu atención al presente, sin hacer críticas ni regañar. Es parte normal del proceso. Solamente tienes que volver a poner atención cada vez que te distraigas. Con el tiempo, serás capaz de meditar sin distraerte con tanta frecuencia. Entre más practiques, mejor te volverás a la hora de tranquilizar tu mente para recibir mensajes psíquicos.

Meditación consciente

. . .

El propósito de la meditación consciente es ayudarte a darte cuenta de la importancia del presente. Esta meditación te ayuda a comprender que el tiempo es una ilusión que te distrae del presente. El presente es lo más importante y debes concéntrate en esto en cada momento.

Cuando te concentras en el momento, dejas ir tu ego, lo único que evita que logres tu potencial por completo. La meditación consciente te enseña a concentrarte en el ahora. En esencia, eso es lo que necesitas si quieres experimentar tu verdadero ser tal y como es. Esta meditación tranquiliza los ruidos de tu mente para que puedas tener acceso a tu conciencia profunda. El mensaje telepático espiritual suele venir en diferentes formas cuando uno se concentra en el presente. Estar presente en el momento es la clave para acceder a la realidad.

- Comienza el ejercicio de meditación a practicar en el sencillo ejercicio de respiración que ya hemos explicado. Deja ir todo los pensamientos, miedos y preocupaciones que te pueden impedir acceder al consciente más profundo. Olvida todo lo que crees que sabes y concéntrate en las cosas que intentas conocer.

- Imagina una mesa frente a ti. Imagina que colocas todos tus miedos, preocupaciones y cargas en esa mesa. Colócalas una por una.
- Tómate un descanso de todas las percepciones que tienes sobre ti mismo, así como las percepciones que tienen otras personas de ti. Deja ir la persona que crees que eres, la persona que quieres ser y la persona que otros creen que eres. Deja ir todo eso y siente cómo te vuelves más libre y ligero.
- Ahora, concéntrate en el momento. Pon atención a las sensaciones de tu cuerpo. Considera los sonidos, aromas y cualquier sensación que detectes en tu entorno.
- Cada vez que una preocupación o pensamiento llegue a tu mente durante la meditación, colócalo en la mesa frente a ti.
- Permítete sumergirte más profundo en tu interior, supera la superficie de tu mente. Observa tus pensamientos conforme flotan en tu mente, pero no intentes involucrarte, sólo déjalos flotar.

Mientras te encuentras en el estado meditativo, tal vez sientas algo de resistencia, como si esperaras que algo fuera a pasar. Olvida estoy también, deja que tu atención permanezca en el presente. Debes estar quieto, consciente y abierto a la experiencia psíquica que puede suceder en ese momento. Recuerda que el propósito de este ejercicio de meditación es ayudarte a abrir tus sentidos psíquicos para que puedas utilizar tus habilidades.

Meditación de chakra

Muchos supuestos psíquicos dicen que no necesitas entrenar tus chakras para la comunicación telepática.

Esto puede parecer cierto para alguien que no tiene conocimiento sobre cómo funcionan estos dones. Por supuesto, el chakra del tercer ojo hace el chakra que está relacionado con las habilidades psíquicas de la clarividencia y demás. En esencia, el chakra del tercer ojo es el más importante para el uso de los poderes psíquicos. Sin embargo, el chakra del tercer ojo es una parte del importante sistema de energía.

Incluso si llegas a abrir el chakra del tercer ojo, no serás capaz de usar tus sentidos psíquicos hasta que no hayas abierto o balanceado los otros chakras. Para lograr utilizar tu habilidad telepática, necesitas asegurarte de que tus siete chakras están en balance. Además, si recuerdas lo que hemos dicho hasta ahora, el chakra del plexo solar es parcialmente responsable de la telepatía instintiva. El chakra del tercer ojo hace que la telepatía mental y sus actividades sean posibles. La telepatía espiritual no es posible a menos que se despierte y balancee el chakra de la corona. Por lo tanto, el sistema de los chakras por completo tiene un papel muy importante en tu habilidad para lograr todo tu potencial. Básicamente, tenemos siete chakras que conforman tus centros de energía:

- El chakra raíz
- El chakra sacro
- El chakra del plexo solar
- El chakra corazón
- El chakra de la garganta
- El chakra del tercer ojo
- El chakra de la corona

Estos siete chakras siempre deben permanecer en balance y alineados para que llegue a ocurrir tu despertar espiritual y que se desbloqueen tus dones telepáticos.

Aún más importante, también deben abrirse al flujo de la energía vital en todo momento. Esto es especialmente importante para mantener tu salud física, emocional y espiritual.

Ahora hablaremos de un ejercicio sencillo de meditación para abrir, balancear y alinear los siete chakras para mejorar tus experiencias psíquicas. Esto se debe realizar en un espacio de meditación como el que ya hemos explicado.

- Siéntate en una posición cómoda, con la espalda derecha. Concéntrate en tu cuerpo, comenzando con los pies y avanzando hacia arriba. Pon atención a las sensaciones de cada parte de tu cuerpo conforme te concentras y sientes que la atención desaparece.
- Después, concéntrate en tu respiración conforme inhalas y exhalas. Te darás cuenta que tu respiración se vuelve más profunda y estable. Imagina el oxígeno entrando a tus pulmones, viajando a través de todo tu cuerpo, de célula a órgano y a músculo.
- Ahora visualiza el latir de tu corazón y el chakra corazón. Concéntrate en la armonía de tu cuerpo. Observa cómo todas las partes funcionan como una sola. Pon atención a tu respiración que le da vida a cada parte de tu cuerpo.
- Es momento de poner atención a cada uno de los siete chakras, uno por uno. El objetivo es infundir energía a cada chakra conforme te concentras en ellos. Comienza con el chakra raíz, el cual está en la base de tu columna vertebral. Visualiza el cuerpo de energía girando en el sentido de las manecillas del reloj y siente cómo la energía que entra y sale

con tu respiración alimenta esta energía y la hace más grande y más brillante.

- Desde el chakra de la raíz, pasa al chakra sacro y realiza lo mismo. Luego pasa al chakra del plexo solar y así continuamente hasta que cada chakra se llene de energía. Puedes llenar cada chakra con tu energía de vida. Toma en cuenta que no importa cuánto tiempo tardes en esto, tárdate todo lo que necesites.
- La mejor forma de hacer esto es trabajando desde la base hasta el chakra más elevado. No hagas la meditación en el otro sentido, ya que esto puede tener un efecto contrario.
- Una vez que hayas llegado hasta el chakra más alto, el chakra de la corona, el último paso es visualizar los siete chakras siendo alimentados por una bola de energía. Conforme haces esto, los chakras deben volverse más prominentes, más brillantes, saludables y transparentes. Deben estar llenos de energía.

Por último, abre los ojos y continúa en tu posición de meditación por un momento hasta que te sientas relajado.

Pon atención a cómo se siente tu cuerpo ahora refrescado y revitalizado. En ese momento, tus sentidos psíquicos estarán abiertos y alertas. Realiza la meditación de chakra de 15 a 30 minutos en cualquier momento que sientas que los chakras están bloqueados y afectan tus sentidos psíquicos. Te sentirás mejor cada vez que lo hagas.

Conforme sigas avanzando en tu viaje espiritual y psíquico, estarás expuesto a formas más avanzadas de meditación que te ayudarán a mejorar tus habilidades aún más. Sin importar si la meditación es avanzada o básica, hay algunos elementos claves que debes considerar en todo momento.

Primero, la posición es casi tan importante como la meditación misma. Una de las mejores formas de asegurar que estás en una posición cómoda es mantenerse lejos del ruido. Si es posible, debes rodearte con naturaleza.

Si estás en una posición incómoda, puede llegar a ser imposible la meditación y tranquilizar tu mente. Sin embargo, tu posición no debe ser tan cómoda como para que te quedes dormido fácilmente. Una de las mejores posiciones es sentarse derecho en una silla o recargando la espalda en la pared.

En segundo lugar, cuando estés meditando debes meterte por completo en el proceso y realizarlo paso a paso. Por lo general, cuando tienes un objetivo, planeas el proceso y luego lo ejecutas paso a paso. No obstante, nunca debes hacer esto con la meditación porque no debe sentirse como una tarea. La meditación es algo que deberías disfrutar. Aunque haya pasos a seguir, debes permitir que todo se sienta natural. Deja que la meditación siga su rumbo de manera orgánica. No intentes controlar el ambiente o el proceso. Dejar que suceda a su manera. No intentes que todo salga bien o lograr un resultado específico. Recuerda, deja que todo fluya naturalmente.

En tercer lugar, siempre debes reconocer tus pensamientos pasajeros cuando estés meditando. No solamente te puedes deshacer de los pensamientos porque quieres concentrarte en la meditación. Así no es cómo funciona.

Cuando decimos que debes dejar ir los pensamientos, significa que no debes involucrarte en ellos, no ignorarlos por completo. Es natural que tu mente esté repleta de mucha información mientras te concentras en el presente.

La mejor forma de lidiar con esto es aceptar esos pensamientos.

Hasta cierto punto, tus pensamientos afectarán tu concentración. El objetivo es no responder al pensamiento; no debes permitir que los pensamientos dicten el flujo de tu meditación. Ese es el gran reto. Reconoce tus pensamientos sin responder a ellos. Deja que se alejen para que puedas volver a concentrarte en la meditación.

Cuando estás sentado meditando, puedes rezar alguna oración a lo Divino. Esto no tiene que estar necesariamente relacionado a una religión. Solamente elige una oración y dirigirla al ser superior de tu vida. La oración puede ser cualquier cosa que quieras. Por ejemplo, puedes decir algo como: "en nombre de lo divino, me abro a la luz, al amor y a la puerta psíquica". Esta es una oración que tiene el objetivo de ayudar a despertar tus sentidos y dones más rápidamente. También puedes recitar un mantra conforme meditas.

Todo depende de lo que quieras para ti. De hecho, decir una oración conforme inhalas y exhalas te puede ayudar a concentrarte en tu respiración y en el presente, lo cual es el objetivo de la meditación.

Piensen la meditación como una oportunidad para reflexionar sobre ti mismo. Sintoniza tu cuerpo físico y las sensaciones que lo atraviesan conforme meditas. Sintoniza tu conciencia y tu presencia en el espacio meditativo.

Sé consciente del flujo de energía en tu entorno. Piensa en cómo te sientes durante la meditación. Tu cuerpo debe sentirse más ligero. Acepta las reacciones de tu cuerpo a la meditación.

Ten en cuenta que el principal beneficio de estos ejercicios de meditación es ayudarte a calmar tus pensamientos y emociones. En otras palabras, el objetivo es deshacerse de los obstáculos mentales, abrir tus portales psíquicos y prepararte para la experiencia telepática. La meditación te ayudará a conectar con tu conciencia elevada para estar en sintonía con el cosmos y todo lo que hay en él.

7

Abrir el tercer ojo

El tercer ojo es el portal a la consciencia elevada. El lugar en el que se desarrolla la habilidad para ver dentro del alma de otras personas y de la propia. Todas las habilidades psíquicas de las que hemos hablado antes se originan en la intuición. El chakra del tercer ojo es la base de la intuición. Sin el tercer ojo, no habría nada de habilidades psíquicas. Abrir tu tercer ojo significa que has logrado un nivel de iluminación más elevado que el de otras personas. También se le conoce como el ojo del conocimiento, ya que cualquier conocimiento que recibas por medio de los sentidos de las Claris vienen del tercer ojo porque es el camino de la iluminación.

Abrir el tercer ojo no es algo que hagas una sola vez. Es un proceso que requiere constante meditación.

Cuando comienzas a abrir tu chakra del tercer ojo, se

puede sentir cómo se está abriendo. Puedes llegar a sentir una sensación familiar dónde se localiza el tercer ojo. Y luego, todas las sensaciones desaparecen de repente y pueden no volver hasta meses después. Esto puede ser desalentador, pero si en verdad estás listo, serás capaz de ser paciente hasta que se vuelva a abrir. El proceso sol está lleno de ensayos y errores, pero no sucede hasta que estés listo. Si llegas a abrir tu tercer ojo sin estar listo, puedes experimentar efectos adversos.

Como ya sabes, tu tercer ojo se localiza en la zona entre tus cejas, aunque un poco más arriba. Este punto es la base del conocimiento interno, la imaginación y la intuición. Naturalmente, no puedes observar físicamente el tercer ojo como lo harías con los ojos físicos. Sin embargo, puedes visualizarlo utilizando un ejercicio de visualización.

El tercer ojo es el responsable de los presentimientos y los instintos, de la habilidad para ver el panorama general de la vida y de crear el balance entre las emociones y la lógica. Por lo tanto, cuando se abre el tercer ojo puedes utilizar tu intuición y sabiduría interna para percibir y comprender las cosas que desafían la lógica.

. . .

Existe una gran diferencia en cómo te sientes cuando el ojo está abierto a cuando está cerrado.

Abrir el tercer ojo es increíble, pero también tiene muchos efectos secundarios que muchas personas no consideran.

Antes de comenzar a trabajar en el tercer ojo, debes comprender estos efectos secundarios y saber cómo lidiar con ellos. El despertar del tercer ojo puede tener muchas experiencias incómodas que te pueden sacar el proceso si no estás preparado. Esto puede resultar en tomar la decisión de cerrar el tercer ojo para siempre. Como ya hemos dicho, todos tenemos el tercer ojo, pero eso no significa que todos experimentamos su despertar de la misma manera. Las sensaciones son más intensas para algunas personas. El objetivo es advertirte de la experiencia y describir las técnicas que puedes utilizar para lograr que tu tercer ojo sea una fuente de iluminación y no de estrés.

Es interesante que algunas personas ya hayan despertado su tercer ojo sin haberse dado cuenta. Sin saberlo, trabajan en ejercicio del tercer ojo, intentando despertar lo que ya está despierto. Esto suele suceder porque han reprimido su conciencia del despertar por miedo.

. . .

Si tienes presentimientos reales todo el tiempo, puede ser que tu tercer ojo ya esté completamente o parcialmente abierto. No importa cuánto intentes reprimir tu tercer ojo, todavía tienes mensajes intuitivos y presentimientos siempre y cuando siga abierto.

Aparte del hecho de que la apertura del tercer ojo puede causar presentimientos intensos y poderosos, puede tener otros efectos secundarios que no son cómodos físicamente hablando. Algunos de los efectos secundarios son los siguientes:

- Una leve presión en la frente, específicamente en el área entre las cejas. Esa sensación puede ser similar a la sensación que tienes cuando te presionas suavemente con dedos entre las cejas.
- Tienes visiones en tu mente o sueñas cosas antes de que sucedan.
- Tu entorno parece más vibrante y sientes los colores brillantes. El tercer ojo te permite asimilar los detalles que pasarían desapercibidos para el ojo humano normal. El entorno vibrante puede ser abrumador e intenso cuando se abre el tercer ojo.
- Dolores de cabeza frecuentes que terminan en migrañas, dependiendo de qué tan intensos sea el despertar. El dolor de cabeza se puede

sentir como tener una cinta amarrada alrededor de la cabeza o presión en las sienes. Esto suele suceder debido al despertar de tus sentidos psíquicos, los cuales hacen que tu mente sea más sensible.

Abrir tu tercer ojo puede parecer complicado y casi imposible si tus chakras o el chakra del tercer ojo está bloqueado. También puedes tener problemas debido al desbalance de los chakras, razón por la cual hablamos de la meditación para ayudarte a mantener los chakras abiertos y balanceados. A menos que te hagas cargo de los bloqueos, no puedes acceder a todo el potencial de tus poderes. El bloqueo y el desbalance de chakras pueden ser causados por estrés, cansancio, resistencia a los dones, ansiedad y conflictos repetitivos. Recuerda que el chakra del tercer ojo puede estar hiperactivo o poco activo, así que debes poner atención a las señales. Si tu tercer ojo está poco activo, puedes tener problemas para desbloquear tus sentidos psíquicos o concentrarte. También te puedes sentir ansioso y desconectarte del mundo y de las personas a tu alrededor. Pero si tu chakra del tercer ojo está hiperactivo, tal vez te sientas fuera de sintonía con la realidad. Lo mejor es tener un chakra del tercer ojo que esté balanceado.

¿Qué sucede cuando abres el tercer ojo?

. . .

Algunas de las cosas que puedes esperar pueden ser abrumadoras e intensas, así que no olvides meditar para que sea más fácil.

Sueños y pesadillas intensas

Si no duermes suficiente a causa de las pesadillas, puedes sentirte deshidratado y fatigado al día siguiente. Lo que hace que esto sea especialmente intenso es que puedes seguir viendo en tu mente las imágenes de tu sueño. Esto hace difícil concentrarse o relajarse. Cuando no duermes bien, otros aspectos de tu vida se pueden ver afectados.

Meditar cada noche antes de ir a dormir te puede ayudar a contrarrestar este efecto secundario al dejar tu mente en un estado de calma. Además, puedes escribir un diario de sueños para monitorear lo que sucede en tus sueños. Lo bueno de los sueños vívidos es que nunca se van por completo, por lo que vas a recordarlo con claridad cuando te despiertes.

Si llegas a comprender las imágenes y símbolos que aparecen en tus sueños, tu tercer ojo dejará de molestarte con lo mismo cada noche. Recuerda que siempre hay un mensaje en cada sueño vívido.

. . .

Intuición muy precisa

Cuando comienzas a abrir el tercer ojo, puedes llegar a sorprenderte con la precisión de tu intuición. Al inicio puede parecer más una carga, y se entiende. Luego te volverás bueno para predecir el futuro y las conductas de otros. Con el tiempo te acostumbrarás a la precisión, no debes reprimir la intuición. Si sientes que la precisión es demasiada para ti en este momento, recuerda que puedes reducir su frecuencia al aprender a abrir y cerrar a voluntad los caminos psíquicos. Intentar alejarlos o reprimirlos puede hacer que aumenten su frecuencia e intensidad.

Intrepidez

Muchas personas dicen haberse vuelto intrépidas después de abrir su tercer ojo.

Algunas dicen que se sienten casi invencibles. Abrir el tercer ojo es algo que brinda poder y puede resultar en un aumento de confianza.

. . .

Contrario a lo que piensan muchas personas, el miedo es una emoción necesaria y esencial para la supervivencia. Primero debes comprender que abrir tu chakra del tercer ojo no te hará un superhéroe ni te hará invencible. En segundo lugar, no descartes la parte racional o lógica de la mente porque has encontrado una nueva fuente de iluminación. Cuando sea necesario, asegúrate de incorporar la parte lógica de tu tercer ojo, en vez de confiar enteramente en la intuición.

¿Qué sucede cuando el tercer ojo está hiperactivo?

El resultado de tener un tercer ojo hiperactivo suele ser estrés físico y psicológico intenso. Esto sucede cuando hay demasiada energía. Como resultado, puedes sentir que estás perdido en un mar de visiones. Puedes estar continuamente bombardeado con pedazos de información que no tienen nada que ver contigo o con las personas que te rodean.

Una de las señales más comunes es ser demasiado indulgente con el mundo de fantasía. Básicamente, la persona pierde contacto con la realidad y se obsesiona con el mundo de fantasía. Otra señal evidente es el miedo a las visiones que aparecen. Cuando abres tu tercer ojo sin el apoyo y el balance de los otros chakras, tu tercer ojo se puede volver hiperactivo debido al flujo de energía.

El eterno flujo de pensamientos y visiones de un tercer ojo demasiado activo puede ser agotador mentalmente. Si no tienes cuidado, puede llegar a afectar tu vida cotidiana.

En consecuencia, te puede llegar a costar trabajo tomar decisiones simples. La indecisión es la consecuencia de la falta de claridad, de la ausencia de concentración, juicio nublado y la incapacidad para separar la fantasía de la realidad. En este estado, aun cuando recibas mensajes psíquicos, puedes no encontrarles sentido.

Un tercer ojo hiperactivo se manifiesta de las siguientes maneras:

- Dolores de cabeza que nunca desaparecen.
- Convulsiones.
- Incapacidad para dormir.
- Problemas de visión.
- Náuseas.
- Sinusitis.
- Alucinaciones.
- Ansiedad.
- Falta de claridad mental.

- Delirios y paranoia.

Considera que el objetivo de esta explicación es brindarte el conocimiento para que puedas dar el gran paso para abrir tu tercer ojo, no para asustarte. Si las visiones se vuelven intolerables, puedes hacer que vayan más lento. Te puedes comunicar con la fuente de tu conocimiento o con tu guía y pedirle que te dé más tiempo para mejorar y ser capaz de recibir la información. Si tus visiones se están saliendo de control, entonces deberías trabajar en aterrizarte mejor para que todas las energías adicionales vayan a la Tierra. Tu guía espiritual también estará dispuesto a ofrecerte protección y guía para que la experiencia sea más cómoda para ti. Puedes pedirle que te dé la información de una manera que sea más fácil de comprender, acceder y procesar.

Algunas maneras para balancear la energía en tu tercer ojo son hacer cambios positivos y saludables para tu estilo de vida. Incluye alimentos integrales en tu alimentación y haz ejercicio consistentemente.

Otras prácticas de vibración alta que pueden ayudar es incluir la sanación de energía, Reiki, aromaterapia, etc.

Ahora que sabes qué esperar, vamos a hablar de cómo abrir tu tercer ojo. Existen varias técnicas que puedes usar para despertar el chakra del tercer ojo. La primera es la meditación del tercer ojo.

Meditación del tercer ojo

La meditación es para ayudarte a ajustar tu consciencia o para ayudar a despertar tu tercer ojo. Aun así, esta meditación es específicamente diferente a las que ya hemos explicado. Aunque hay ciertas similitudes, las diferencias son más importantes.

- Comienza con un ejercicio de respiración. Sigue las instrucciones de la meditación de respiración que ya hemos explicado.
- Vacía tu mente para que puedas concentrarte en tu tercer ojo. Intenta mover tus ojos hacia arriba, hacia donde se localiza el tercer ojo. Deja que permanezcan ahí conforme continuas con tu ejercicio de respiración. Cuenta hacia atrás del 100 al 1. No te desanimes si no encuentras tu tercer ojo instantáneamente. Sólo concéntrate en meditar y contar números.
- Una vez que hayas terminado de contar, deberías ya estar en el estado mental correcto para acceder a tu tercer ojo. Cuando mantienes bien la concentración, sentirás

oscuridad a tu alrededor, excepto en el tercer ojo. Habrá luz en ese momento, lo que sugiere que se está activando el tercer ojo. Una vez que tu ojo esté despierto y activado, notarás que tu cerebro está relajado y funciona a un nivel más alto de lo usual. Los hemisferios de tu cerebro estarán en sincronía y estarás súper consciente de la energía en el entorno.

- Si sientes energía que transcurre por tu cuerpo, significa que has despertado tu tercer ojo. Si te puedes concentrar con intensidad en una imagen visualizada sin que tu mente se distraiga, esa es otra señal.
- Después, debes permitirte experimentar el tercer ojo. Las personas reaccionan de forma diferente a su despertar. Puedes llegar a experimentar imágenes como destellos que pasan por tu mente. Pueden ser imágenes de personas, de la naturaleza y otras escenas que probablemente hayas visto antes. Las personas que experimentan esto suelen describirlo como ver los pensamientos propios proyectados en un pizarrón.
- Sigue concentrándote en tu tercer ojo por al menos 10 minutos. Puedes llegar a experimentar dolor de cabeza la primera vez que lo intentes. No tengas miedo, entre más practiques, menos dolores de cabeza tendrás. Intenta visualizar y concentrarte en una

imagen u objeto específico conforme tienes esta experiencia. Esto te ayudará a centrar tu mente.

- Después de 10 a 15 minutos, sal lentamente de la meditación. Vuelve a concentrarte solo en la respiración y aparta la vista de tu tercer ojo. Sé consciente del aire que inhalas y exhalas. Puedes volver a contar del 100 al 1. Esto te ayudará a concentrarte mientras sales de la meditación.

La activación del tercer ojo puede ser lenta, dependiendo de varios factores. Sin embargo, el tiempo que tardes no es tan importante, pero debes hacerlo bien.

Puedes acelerar el proceso al meditar todos los días. No olvides utilizar la concentración mental para mejorar tu concentración y mantener abierto el ojo de la mente.

También puedes practicar Hatha yoga para balancear los siete chakras. Y no olvides mantenerte en contacto con tu yo interior.

Mejorar la intuición

. . .

Después de abrir tu tercer ojo, existen otras formas para mantenerlo en buena forma. Ya que el tercer ojo es la base de la intuición, fortalecer el tercer ojo comienza con la fortaleza de la intuición.

Lo mejor es permitir el silencio de la mente. La meditación sirve para esto, pero no lo puedes hacer en cada minuto de tu vida. Así pues, tu mejor opción es encontrar otra manera de cultivar el silencio mental. El silencio mental significa preparar la mente para los mensajes psíquicos en cualquier momento. Los mensajes telepáticos no te avisan antes de aparecer, así que debes estar listo para recibirlos y mandarlos en todo momento. Si tu mente no ha aprendido a estar en silencio, vas a perder muchos mensajes importantes. Puedes permitir el silencio al sentarte en la naturaleza o caminar por el parque o un bosque. También lo puedes hacer al concentrarte en un deporte o arte.

La creatividad también puede ayudar a mejorar la intuición. Deja que tu imaginación sea libre y métete de lleno en actividades que requieran creatividad. Por ejemplo, puedes aprender un nuevo arte. Permite que la inspiración te inunde desde tu tercer ojo hasta tus manos. Te sorprenderás con los resultados. La creatividad relaja tu mente racional, la cual contribuye al ruido mental.

. . .

Cuando eres creativo, callas a la parte de tu mente que quiere controlar tus acciones y lograr resultados específicos. Aún más importante, te abres a las posibilidades, esto permite que tu tercer ojo florezca.

Las afirmaciones también son herramientas muy buenas para reemplazar un sistema de creencias negativas que podría llegar a afectar tu tercer ojo. El propósito de estas afirmaciones es reemplazar lo negativo con afirmaciones positivas. Son útiles para balancear el chakra del tercer ojo y mejorar tus sentidos intuitivos. Las afirmaciones deben ser creadas para concentrarte en tus presentimientos, en los instintos, en la espiritualidad y en el sentido del propósito. Estas son algunas afirmaciones que te ayudarán a mejorar tus sentidos intuitivos:

- "Me abro a la guía de mi maestro interior".
- "Soy consciente de mis intuiciones. Las escucho. Las siento. Sé que me van a guiar en mi propósito de vida".
- "Voy a tomar las decisiones correctas en mi vida y lo haré fácilmente".
- "Creo en la guía de mi tercer ojo".
- "Soy intuitivo y puedo distinguir lo que es bueno y lo que es malo".
- "Estoy abierto a las posibilidades ilimitadas".
- "La guía de mi tercer ojo me llevará a mi propósito".

Puedes ser tan creativo como quieras con estas afirmaciones. El objetivo es que sean positivas y con el propósito de desarrollar y mejorar tu intuición.

El color del chakra del tercer ojo es morado. Puedes obtener energía morada con piedras y joyería para mantener tu chakra abierto y sanarlo cuando es necesario. En cualquier momento que tu chakra se sienta bloqueado, simplemente utiliza joyería con piedras moradas. O también puedes tener un cristal de energía y llevarlo contigo para cuando sea necesario. Sólo tienes que agarrar el cristal y concentrarte en él por unos minutos. Algunas de las mejores piedras y cristales son las amatistas, la obsidiana negra y la fluorita morada.

Tan pronto como hayas abierto tu tercer ojo, el siguiente paso es comenzar a mandar mensajes telepáticos.

8

Mandar mensajes a otros

UNA VEZ que hayas abierto chakra del tercer ojo, mandar mensajes telepáticos debería ser más sencillo. Aunque de explicar las técnicas que utiliza para mandar mensajes telepáticos, tienes que conocer unas cuantas cosas que pueden afectar tu éxito o en esta práctica. Lo primero que puede afectar tu éxito es la falta de creencia o fe. Debes tener convicción sobre la existencia y el uso de la telepatía. Si no te crees en algo no puedes utilizar sus habilidades. Tu sistema de creencias es la base de tu habilidad para mandar mensajes telepáticos. Así pues, el primer paso es asegurarte de que crees en ello. En el momento en el que tengas fe, todo lo demás se vuelve muy sencillo. Ser escéptico puede cerrar tu mente a la experiencia. Tienes que creer que el mensaje va a llegar a la persona que quieres.

. . .

La creencia comienza al superar tu miedo de no cumplir con tus deseos. Muchas personas comienzan en la telepatía pensando que no tienen la habilidad porque les han hecho creer que es un don para unas cuantas personas.

Por supuesto, esto es falso. La telepatía es un don natural que posee toda la raza humana. La principal diferencia es que la mayoría de las personas sufren su don de la infancia y ya no pueden acceder a él porque está dormido. Por eso es que sugerimos que comiences este viaje al abrir tus sentidos psíquicos y comiences a utilizarlos otra vez. Por eso, el miedo es la base de la falta de fe. Para empezar, primero debes dejar ir el miedo al fracaso. Cuando quieres que algo suceda en tu vida, dejas ir el miedo. Tienes que olvidar todas las creencias negativas para que puedas entrar al estado vibracional más elevado en el que los chakras están alineados. Entre más confianza tengas en tu habilidad para que se abra, más estarás rodeado de energías positivas.

Una vez que superes tu miedo y creas en tu habilidad, quedan pocas cosas que te pueden detener para mandar mensajes telepáticos. Antes de proseguir, recuerda que la telepatía no es algo que puedas dominar en un día.

. . .

Dependiendo de qué tan dormido esté tu sexto sentido, la telepatía puede tomarte días o meses. Puedes aumentar tus probabilidades al practicar unos cuantos minutos cada día. La telepatía requiere mucho tiempo, paciencia y práctica. Eres libre de continuar si tienes la voluntad para dedicarle suficiente tiempo para practicar todos los días.

Así pues, dedícale al menos 20 minutos de práctica cada día. Si necesitas más tiempo, puedes añadir más minutos.

La duración de tu práctica diaria depende de los cambios basados en tus actividades diarias.

Primero, necesitas practicar con una persona cada día. Estás intentando mandar mensajes telepáticamente, así que necesitas alguien que reciba ese mensaje. La persona con la que practique debe estar cerca de ti. Como principiante, no debes intentar practicar con una mayor distancia. En segundo lugar, necesitas asegurarte de que tu mente y cuerpo están relajados antes de proseguir.

Mandar un mensaje es mucho más sencillo cuando tu compañero de prácticas y tú están en un estado de relajación. El receptor debe tener la mente despejada.

Asegúrate de que practicas con alguien que comparte tus creencias en lo que intentas hacer. De otra forma, esta persona puede hacer el proceso demasiado complicado.

La visualización es una parte muy importante del proceso. Por eso, practica un ejercicio sencillo de visualización cada día para mejorar tu habilidad. La visualización es una forma efectiva para definir los pensamientos y concentrarlos en el presente.

Técnica 1: meditación para la telepatía

La habitación en la que quieres practicar novedades de gente. Puede ser todo lugar habitual en el que meditas o cualquier otra habitación que creas que puede funcionar.

Lo importante es asegurarte de que sea adecuada. Si tienes a otra persona cerca de ti, le puedes decir que no te moleste por al menos 30 minutos.

- Cierra los ojos y practica el ejercicio de respiración. Comienza con tu respiración normal hasta que se vuelva más profunda y suave.

- Pon atención a las vibraciones en todas las partes de tu cuerpo. La meditación se trata de sentir tu propio cuerpo. Siente las vibraciones en la planta de los pies y ve subiendo poco a poco hasta llegar a la parte superior de tu cabeza. Debe sentir que cada parte de tu cuerpo se relaja y está lista.
- Una vez que hayas relajado todo tu cuerpo, vuelve a poner atención en tu respiración. Entre más relajado estés, más profunda será tu respiración. En este momento puedes comenzar a ver personas, cosas, animales, imágenes, etc.
- Después, pon atención a tu chakra del tercer ojo, como ya hemos explicado en el capítulo anterior. Puedes llegar a sentir un cosquilleo, comezón e incluso un poco de dolor. No pelees con las sensaciones. Utiliza la meditación para activar el tercer ojo para abrirlo.
- Una vez que hayas abierto tu tercer ojo, visualiza a la persona que está en la habitación contigo. Imagina su tercer ojo en tu mente y concéntrate en él. Imagina un círculo morado en ese lugar entre las cejas. Esto representa su tercer ojo.
- Visualiza una bola de luz morada que sale de tu chakra del tercer ojo. Ahora, guía esta bola

de luz hacía el tercer ojo de la otra persona. Dirige esta luz hacia su chakra y observa cómo entra. El propósito de esto es establecer una conexión con la otra persona. Sin ella, no puedes mandarle un mensaje de forma telepática. Si realizas la visualización de forma correcta, puedes experimentar lo que se conoce como la fase del cuerpo de luz, es decir, cuando sientes que eres un cuerpo de luz que te conecta con otra fuente de luz.

- Si estableces la conexión de forma exitosa, ya estás un paso más cerca. Lo que sea que le digas a esta persona, visualiza que va a través de su chakra del tercer ojo. Considera que un mensaje breve es ideal para la práctica, en especial para tus primeras prácticas. Entre más breves sea el mensaje, más fácil será entregarlo a su chakra del tercer ojo.

Cuando la persona haya recibido el mensaje, lo vas a sentir en su interior. La sensación es única y no se puede fingir. Una vez que sientas o sepas que el mensaje ha sido enviado, deberías detenerte. Te puede tomar unos segundos o minutos mandaré es el mensaje. Después de 15 minutos de intentos sin éxito, deberías tomarte un descanso de la práctica intentarlo de nuevo al día siguiente.

. . .

Intentarlo en el mismo día puede ser demasiado esfuerzo para tu mente y hacer que te sientas exhausto mentalmente. Practica una vez al día. Después de la sesión, puedes sentir varias vibraciones en tu cuerpo. Deja que tu cuerpo las experimente por completo.

Recuerda que la energía que transmites al receptor no es un ataque psíquico o de energía, ni nada por el estilo. La luz es necesaria para mandar el mensaje. De ninguna manera debe lastimar tu chakra o el de la otra persona.

Incluso puede ser que la energía revitalice tu propio chakra y el de la otra persona. Así pues, esta técnica no es peligrosa.

Técnica 2: ejercicio para leer la mente

Para realizar este ejercicio necesitas a una pareja dispuesta. Por lo general, no debes leer la mente de alguien a menos que te dé permiso. Puedes leer la mente de alguien si tienes razones para creer que tiene intenciones malvadas contra uno de tus seres amados o contra ti. También puedes practicar la lectura de mentes por ti mismo sin decirle a la persona que lo estás haciendo.

Esto es simplemente para probar que tan bueno eres leyendo mentes.

Deshazte de la tensión o el estrés en tu mente y cuerpo.

Concéntrate en la persona y visualiza su chakra del tercer ojo al imaginar un icono morado en el área entre tus cejas. Imagina que esos pensamientos giran alrededor de tu mente. Debes tener la intención con tu concentración.

Entre más te concentres, más claros serán los pensamientos que lleguen a ti. Si quiere llevarlo un poco más allá, puedes usar tu mente para pedirle que realice una tarea sencilla. Puede ser algo como que diga una palabra en voz alta o que te traiga una bebida.

Si quieres que te traiga una bebida, visualiza a la persona preguntándote si tú quieres una bebida. Luego di que sí.

Imagina que la persona va a la cocina para traerte una bebida. Visualiza que te da la bebida. Aún más importante, visualiza que le das las gracias. Es muy importante demostrar apreciación.

Deja que las visiones pasen por tu mente por algunos

minutos y luego déjalos y regresa a lo que estabas haciendo. Puede ser que la otra persona no se levante por la bebida inmediatamente. Espera hasta que lleve a cabo la instrucción mental.

Puede ser que no lo logres la primera vez, pero recuerda que la clave es la consistencia y la paciencia. Sigue intentando hasta que lo logres. Considera que el propósito de este ejercicio no es cambiar la voluntad de la persona; sino que trabajas con ellos. Es mejor escoger tareas que realizarían normalmente por voluntad propia.

Técnica 3: ejercicio de observación remota

Este ejercicio se usa para recibir información de otra persona a la distancia. La información puede tener forma de palabras, imágenes o emociones.

- Siéntate cómodamente en tu habitación para meditar. Coloca los pies en el piso y pon la espalda derecha.
- Respira profundamente y cierra los ojos.
- Inhala profundamente y visualízate tocando el chakra del tercer ojo de la persona de la que quieres recibir la información.

- Imagina un hilo plateado que sale de su chakra del tercer ojo y se agarra a tu dedo.
- Trae el hilo plateado a tu chakra del tercer ojo.
- Imagina la información que atraviesa el hilo plateado hacia tu chakra. La información puede tomar unos 15 minutos antes de llegar a ti, así que sé paciente.
- Abre los ojos, estírate e inmediatamente escribe lo que sea que esté en tu mente. También puedes dibujar los días son imagen.

Puedes utilizar este ejercicio para saber cuáles son las expectativas de las personas sobre un trabajo o un proyecto para que así puedas hacer un excelente trabajo.

Técnica 4: ejercicio de influencia remota

Este ejercicio de entrenamiento telepático sirve para influenciar a otra persona con tus propios pensamientos, emociones y necesidades. Puedes utilizar la influencia remota para establecer una gran comunicación con otra persona para ayudarte a progresar en la vida.

. . .

Este ejercicio sirve para fortalecer tu habilidad para mandar pensamientos o emociones e influenciar más rápido a las personas.

- En tu habitación para meditar, siéntate cómodamente.
- Inhala y exhala profundamente unas tres veces antes de cerrar sus ojos.
- Concéntrate en tu frente y abre el chakra del tercer ojo.
- Visualiza un hilo plateado que sale de tu chakra del tercer ojo. Concéntrate en la persona que quieres influenciar y cómo quieres hacerlo.
- Imagina que el hilo plateado toca el tercer ojo de la otra persona. Deja que el hilo se pegue a su frente. Respira profundamente y visualiza el hilo entrando profundamente conforme respiras. Respira profundamente 3 veces.
- Imagina que tus pensamientos y emociones pasan a través del hilo hacia el chakra del tercer ojo de la otra persona. Establece la intención con la que quieres influenciarla.
- La información puede tardar unos 15 minutos antes de llegar a la otra persona.

Pon atención a la conducta de la otra persona en el futuro para ver si ha funcionado la influencia.

Técnica 5: ejercicio de transmisión remota

. . .

Este ejercicio es útil para mandar tus propios pensamientos, emociones, necesidades y deseos a varias personas a la vez. Puedes utilizarlo para atraer más clientes a tu negocio o mejorar el humor de las personas a tu alrededor. También lo puedes utilizar cuando trabajes en equipo o hagas una presentación.

- Cierra los ojos y respira profundamente.
- Concéntrate en tu chakra del tercer ojo y visualiza la información que quieres enviar. Crea la imagen o las palabras en tu mente.
- Crea la imagen de una energía blanca y brillante que sale de su cuerpo. Proyecta la información que quieres mandar a la mitad de esa energía blanca.
- Siente la energía que va a hacia tu audiencia. Visualiza a tu audiencia recibiendo la energía de tu parte. Una vez que hayan recibido la energía, significa que han recibido el mensaje.

Antes de que comiences a establecer una conexión telepática con las personas a tu alrededor, primero debes concentrarte en ti mismo. Necesitas entrenar tu mente en contra de los efectos entumecedores a los que te expone la sociedad todos los días.

Por suerte, existen técnicas para mejorar tu mente y que sea más accesible a la telepatía. Una técnica que puedes utilizar es escuchar ritmos binaurales y tonos isocrónicos. Esto significa escuchar audios diseñados específicamente para mejorar tu telepatía. También puedes utilizar juegos telepáticos para mejorar tu habilidad.

Nunca olvides que la telepatía requiere tiempo y paciencia. Así que no tengas prisa para comunicarte telepáticamente. Tómate el tiempo que necesites para hacerlo bien.

9

Telepatía entre gemelos

TODO EL MUNDO sabe que los gemelos comparten una conexión especial más allá de lo que se ve con los hermanos ordinarios. A lo largo de los años, han existido registros de la telepatía entre los gemelos en todo el mundo. Esto se vuelve más fascinante cuando te das cuenta de que algunos de los gemelos involucrados fueron separados al nacer. Esto prueba que la telepatía entre gemelos no es ningún mito. La ciencia todavía debe encontrar evidencia empírica para apoyar la existencia de la telepatía entre gemelos. Sin embargo, existen evidencias anecdóticas que indican que esto es real. El concepto de la telepatía entre gemelos se trata de cómo los gemelos, ya sean idénticos o no intercambian sus pensamientos y emociones sin utilizar palabras escritas o habladas.

. . .

Evidentemente, esta es la telepatía como la conocemos, pero la telepatía entre gemelos es ligeramente diferente porque, por lo general, los gemelos no tienen que entrenarse o hacer algo especial. Esta habilidad es algo natural para ellos, en especial en tiempos de crisis.

Si eres un gemelo, es probable que hayas experimentado esta conexión con tu hermano o hermana. Han existido ocasiones en las que un gemelo experimenta una sensación de dolor sólo porque el otro gemelo, en otro lugar, está experimentando la misma cosa. Otra situación es cuando uno de los gemelos sabe en su corazón que su gemelo está en peligro.

Aunque no existe evidencia científica para comprobar que la telepatía entre gemelos es real, muchos investigadores han realizado estudios para determinar si este fenómeno es real. Un ejemplo es el estudio de Robert Sommer, Humphry Osmond y Lucille Pancyr en 1981.

Este estudio tenía 35 pares de gemelos como participantes. Los investigadores descubrieron que al menos 12 de cada 35 pares de gemelos tenían una conexión telepática entre ellos.

. . .

Reportaron experimentar la telepatía de formas extrañas. J. B. Rhine también llevó a cabo un estudio sobre telepatía entre gemelos con Terry y Sherry, un par de gemelos idénticos. De acuerdo con Rhine, Terry y Sherry podrían intercambiar respuestas en sus cabezas. También eran capaces de saber cuándo uno de ellos estaba enfermo o sentía dolor. Esta investigación también analizó si los gemelos podían intercambiar oraciones completas por medio de la telepatía.

Aunque los gemelos idénticos y no idénticos pueden compartir una conexión telepática, se ha descubierto que esta conexión es más fuerte en los gemelos idénticos que en los fraternos. Esto puede ser porque los gemelos idénticos se forman a partir de un solo óvulo, lo que significa que sus genes son completamente idénticos. Los gemelos fraternos, por otra parte, son de óvulos diferentes.

Básicamente, una conexión telepática y existe entre los gemelos. Casi todos los pares de gemelos tienen una historia que apunta a la telepatía entre gemelos. Por lo general, los gemelos comparten un entendimiento innato de su estado emocional. Ya que las emociones son anteriores a la conducta, la mayoría de los gemelos también se comportan de la misma forma.

. . .

Por ejemplo, los gemelos en diferentes lugares pueden comprar el mismo artículo de forma simultánea. También tienen habilidad para terminar las oraciones del otro.

Todas estas cosas suceden en las personas que comparten lazos emocionales muy cercanos, pero parece ser más fuerte en los gemelos debido a sus circunstancias de nacimiento. Después de todo, la mayoría han estado juntos prácticamente desde el primer segundo de sus vidas. A pesar de la ausencia de pruebas científicas, uno no puede negar la conexión telepática entre los gemelos.

Todo esto significa que los gemelos son muy sensibles con los pensamientos, las emociones y las necesidades del otro. La conexión proporciona una gran empatía entre los gemelos. Esta empatía es lo suficientemente intensa como para producir sensaciones físicas específicas. Espiritualmente hablando, la conexión telepática entre gemelos se conoce como "telepatía de las llamas gemelas". Debido a su conexión, los gemelos también pueden compartir sueños vividos.

Hablemos de lo que se trata la conexión de la llama gemela desde un punto de vista espiritual y cómo permite la telepatía entre los gemelos.

Conexión de llamas gemelas

. . .

La conexión de llamas gemelas se refiere al enlace entre dos personas que comparten llamas gemelas. Aunque puedes creer que las llamas gemelas sólo existen en los gemelos, esto no es así. Todos estamos compuestos de energía, pero vibramos a diferentes frecuencias. Es normal que estos niveles de vibración no cambien, ya que definen la persona en la que nos volvemos y, más importante, con quién nos asociamos. Las llamas gemelas vibran a una frecuencia similar, razón por la cual las personas que comparten llamas gemelas pueden hacer cosas como la telepatía. Cuando dos almas operan en el mismo nivel de liberación, se vuelve posible comunicarse psíquicamente. La conexión de llamas gemelas existe incluso antes de que las almas lleguen a conocerse. Esto explica por qué muchos gemelos tienen una conexión a pesar de ser separados desde el nacimiento. Por lo general, esta conexión es subconsciente. Sin embargo, te vuelves más consciente de su existencia cuando comienzas con la actividad espiritual.

Una conexión de llamas gemelas suele aparecer en forma de intuición compartida, telepatía compartida, sueños compartidos, proyección astral y comunicación verbal o visual compartida.

Cuando las llamas gemelas se conocen por primera vez, la primera conexión que experimentan es su intuición compartida. Esto pasa en ocasiones cuando se dan a luz gemelos y ellos intentan acercarse. Las almas espejo tienen sensaciones inexplicables que no parecen ser suyas, aunque experimentan las sensaciones con fuerza.

Ejemplo: vives con tu gemelo. Por lo general, tu gemelo llega a casa antes de las 6 p.m. y estás acostumbrado a que llegue a esta hora. Ya casi es la hora de su llegada. De repente, sientes una gran decepción y tristeza. No puedes explicar estas emociones y te preguntas por qué las sientes. Intentas olvidarlo, pero se vuelven más intensas. De forma casi inmediata, tu gemelo llega. Por su cara, sabes que ha tenido un día bastante decepcionante. Se sienta y te cuenta lo horrible que ha sido su día.

En este ejemplo, es evidente que las emociones de tristeza y decepción experimentadas fueron las de el gemelo. Aún así, sientes como si fueran tus propias emociones. Esto ejemplifica cómo se manifiesta la intuición compartida en las llamas gemelas.

Las emociones dejan una marca en las almas espejo, como en los gemelos.

¿Alguna vez has entrado a una habitación y sentiste que podías casi tocar la tensión? Puedes saber que un conflicto ha ocurrido en ese lugar cuando te sientes de esta manera. El enojo es una emoción muy poderosa que te puede sorprender cuando la experimentas desde la perspectiva de otra persona.

Ejemplo: estás tomando clase en la escuela y no estás muy emocionado. De repente, sientes un terrible dolor en el pie. El dolor desaparece tan rápido como llegó. Estás sorprendido y no tienes idea de qué acaba de ocurrir.

Aunque el dolor duró muy poco, el recuerdo no te abandona. No puedes dejar de preguntarte qué lo ha causado.

Más o menos una hora después de eso, tu gemelo te llama y te dice que se ha roto el tobillo en un accidente menor.

Ese dolor que sentiste fue la sensación de tu gemelo.

En este ejemplo, sientes algo físico que no es tuyo.

Las llamas gemelas pueden sentir dolor, felicidad y emoción de la otra persona. Pero el dolor suele resaltar porque suele desaparecer pronto.

. . .

Los sueños y las proyecciones astrales compartidas son otras formas en las que se comunican telepáticamente las llamas gemelas. Esta forma de telepatía sucede cuando los gemelos están en diferentes lugares. La conexión es tan poderosa que las almas de las llamas gemelas se encuentran en estado de sueño. Esto suele suceder de diferentes maneras. Por ejemplo, los gemelos pueden tener el mismo tipo de sueño o pueden entrar al estado de sueño lúcido para que puedan estar juntos en el mundo astral. El estado de sueño es la forma más auténtica, por lo que no hay limitaciones. Tu alma se mueve de forma natural en la dirección en la que la otra alma está vibrando en su frecuencia. Cuando los gemelos se separan, sus almas permanecen quietas. Cuando los cuerpos físicos están dormidos y sus armas tienen la libertad para explorar, tienden a encontrarse.

La comunicación visual y verbal por medio de la mente también sucede entre los gemelos. Este nivel de comunicación telepática suele desbloquearse cuando los gemelos crecen juntos y avanzan juntos en su camino espiritual.

Este tipo de comunicación es diferente del estado de sueño. Entre más se fortalezca la conexión entre los gemelos, más fuerte será la comunicación telepática.

. . .

Algunos hechos básicos sobre la telepatía de la llama entre gemelos

En primer lugar, la telepatía entre gemelos no requiere que tengan habilidades previas. Esta relación es tan fuerte que la conexión sólo sucede, incluso cuando no tienen conocimientos telepáticos. Esto facilita el desarrollo de sus dones telepáticos. El contacto remoto también es posible entre las llamas gemelas. Esto es más notorio cuando el cerebro deja ir el ego y los mecanismos de defensa. En este punto, tu cuerpo y mente se relajan y se abren a la comunicación. Los gemelos se pueden agradar de las manos telepáticamente a través de la distancia, e incluso pueden experimentar otras cosas que implican contacto físico.

Si tienes una llama gemela, debes saber que siempre estarán en el mismo nivel de vibración. Esto quiere decir que sus conciencias siempre estarán en sintonía.

En este sentido, un gran beneficio de la telepatía entre las llamas gemelas es que te ayudará a mantenerte en contacto con tu otra mitad, no importa la distancia. Es muy fácil mandar un mensaje a tu gemelo al mantenerte en sintonía con su frecuencia.

. . .

La comunicación telepática entre gemelos no siempre es verbal. Algunas veces puede ser en forma de recuerdos.

Por ejemplo, de repente puedes recordar algo que no parece ser tuyo y aun así parece ser muy familiar. Esto se debe a las energías fusionadas. Cuando sucede la unión de las llamas gemelas y las energías por fin se fusionan, obtienes información de tu gemelo de forma inconsciente.

Es interesante que los gemelos a veces no pueden contactar con el otro debido a una perturbación de la energía. Ya que todo está hecho de energía, a veces pueden absorber energía negativa de otras personas. Esto puede tener como resultado un bloqueo en sus canales de comunicación telepática. Por lo tanto, es mejor realizar ejercicios para limpiar la energía cada día y así evitar que las energías no deseadas obstruyan los canales de comunicación.

Si eres un gemelo y no recuerdas haber tenido una experiencia telepática con tu otra mitad, tal vez tienes un bloqueo de energía. Lo primero que debes hacer es trabajar para limpiar y curar tus centros de energía, es decir, tus chakras. Incluso si haces esto por tu cuenta, serás capaz de ayudar a tu gemelo para limpiar sus centros de energía bloqueados. Como ya sabes, la telepatía no funciona si los chakras están bloqueados. Utiliza la meditación de chakra para limpiar tu energía y hacer que sea tan vibrante cómo debería.

En conclusión, la telepatía entre gemelos puede pasar desapercibida debido a la conexión entre las llamas gemelas. Pero no esperes que la experiencia sea como una llamada telefónica. Más bien, es una experiencia compleja y es diferente para cada persona.

10

Cerrar la puerta telepática

La mente es el portal para la telepatía y otros dones psíquicos. Puedes imaginar que la mente es una gran casa con todas sus puertas y ventanas abiertas. Todo entra y sale sin un filtro. Cada pensamiento, e ideas, sensación, deseos, necesidades y demás puede entrar, ocupar un espacio e incluso causar molestias. En este caso, nadie está controlando lo que entra en la casa mental. En estas condiciones, la mente no tiene una barrera para protegerse de todos los pensamientos, palabras, sugerencias e ideas. Este es el caso para la mayoría de las mentes de las personas. Es el estado predeterminado de las cosas. Tú, por otra parte, no deberías permitir que tu mente funcione de esta manera. Si no aprendes a controlar lo que entra y sale de tu puerta psíquica con la apertura del tercer ojo, vas a descubrir que llegan miles de pedazos de información importante e irrelevante cada día.

La mejor forma de protegerte mientras mantienes

abiertos tus sentidos psíquicos y el chakra del tercer ojo es aprender a cerrar las puertas y ventanas de tu mente. Esto previene que te lleguen pensamientos dañinos, inútiles e innecesarios que te pueden robar la salud y la vitalidad de tu mente.

La telepatía sucede por un intercambio de energía. Por lo tanto, cada pedazo de información que accede telepáticamente requiere de un poco de tu fuente de energía.

Dependiendo del tipo y el tamaño de información, algunas pueden requerir una gran cantidad. Por esta razón, debes entrenar tu mente para sólo recibir información y mensajes relevantes. Al aprender a cerrar tu puerta telepática, puedes evitar que entren los pensamientos, ideas y emociones innecesarios. Puedes elegir lo que quieres recibir.

Tal vez creas que es imposible aprender a cerrar y abrir la puerta telepática a voluntad, pero no lo es. Con persistencia y constancia, aprenderás a abrir y cerrar la puerta telepática cuando tú quieras. Incluso si sólo lo aprendes de forma parcial, será una gran diferencia para tu bienestar físico, mental, emocional y espiritual.

El control y el dominio mental son las claves para cerrar la puerta telepática. Una vez que hayas entrenado y dominado esto, ya no tendrás problemas con los pensamientos, emociones y humores de las personas con las que compartes espacio.

Las tres herramientas esenciales para entrenar tu puerta telepática para que se cierre y se abra según tu voluntad son la meditación, la concientización y la concentración.

Estas tres cosas tienen algo en común: te ayudan a aferrarte al momento. También ayudan a mejorar tus habilidades de concentración, mejoran el proceso de pensamiento y aumentan la paz interior y la satisfacción.

Ya hemos hablado de cómo puedes practicar la meditación y la meditación consciente o la concientización, por lo que no hace falta repetirlo. Sin embargo, aquí hay unos cuantos ejercicios de concentración que puedes incluir en tu rutina.

Ejercicio de concentración

El objetivo de este ejercicio es ayudarte a agudizar tu mente y entrenarla para que se concentre mejor. Hablaremos de al menos tres ejercicios de concentración que pueden fortalecer tu poder mental y aumentar tu habilidad de concentración. Entrenar tu mente es similar a entrenar tu cuerpo. Entrenas el cuerpo al acudir al gimnasio al menos tres veces por semana. Cuando intentas aprender algo nuevo, tienes que dedicarle horas de práctica antes de dominar lo básico. Esto también aplica para el entrenamiento de la mente. Cuando entrenas la mente para filtrar información, necesitas concentrarte. Si quiere desarrollar la concentración, eso requiere mucha práctica. Incluso hubo una práctica de 10 minutos cada día va a hacer la diferencia en tu salud espiritual y psíquica.

Naturalmente, tu mente va a intentar resistirse cuando comiences el entrenamiento. A la mente no le gusta que la controlen; ella quiere tener el control. Te va a costar trabajo dominar tu mente. Algunas veces, vas a olvidarte de entrenar; otras veces, tu mente te llevará a un estado de pereza. Existen diferentes maneras con las que tu mente intentará detenerte. Pero, al final, la decisión es tuya. Tú eres el amo de tu mente. Por lo tanto, todo depende de lo que quieras hacer.

Los ejercicios de concentración te ayudarán a entrenar y dominar tu mente hasta el punto en el que puedas cerrar y abrir la puerta según tu voluntad. De esta manera, puedes filtrar todo lo que entra y sale de tu mente.

. . .

Siempre debes practicar los ejercicios de concentración en el mismo lugar que utilizas para meditar. Puedes sentarte en una silla o en el suelo. Practica un ejercicio rápido de respiración antes de comenzar con el ejercicio de concentración. Deberías utilizar al menos 10 a 15 minutos para tu práctica diaria. Comienza con un ejercicio y sigue practicando hasta que lo hayas dominado.

Luego continúa con otro ejercicio. Haz esto hasta que hayas dominado todos los ejercicios de concentración.

Esto te puede llevar días, semanas o meses. No hagas el siguiente ejercicio hasta haber dominado el primero.

Ejercicio 1

Elige cualquier libro de tu biblioteca. Abre el libro y elige un párrafo para contarlo.

Ahora, cuenta las palabras en ese párrafo. Después de contar, repite y vuelve a contar para asegurarte de tener el número correcto. Después de hacer esto varias veces, elige dos párrafos y vuelve a contar. Sigue aumentando hasta que sea sencillo contar las palabras de toda una página.

. . .

El conteo lo debe realizar con tus ojos.

No apuntes con el dedo, sólo cuenta mentalmente.

Ejercicio 2

Elige una palabra o frase y repite la en silencio en tu mente por 5 a 10 minutos. Cuando te des cuenta de que tu concentración está mejorando, aumenta la duración a 15 minutos.

Ejercicio 3

Cuenta mentalmente de 100 a 1. Sáltate tres números cada vez que cuentes. Por ejemplo: 100, 97, 94, 91, etc.

Ejercicio 4

Cuenta en tu mente de 100 a 1. Así, de atrás hacía adelante. Cuando termines, repite el ejercicio. Luego, puedes aumentar cada cuenta al añadir cien números más.

. . .

Ejercicio 5

Agarra un objeto como una pelota. Concéntrate en el objeto. Obsérvalo desde cada uno de sus ángulos sin formar ninguna palabra en tu mente para describirlo. Solamente observa con la mente en blanco. No pienses en nada conforme observas el objeto.

Entre más practiques estos ejercicios, más rápido vas a progresar en el entrenamiento mental. Deja que el proceso sea gradual. Comenzarás a ver las diferencias en tus habilidades de concentración. Eventualmente, serás capaz de concentrarte en las cosas sin mucho esfuerzo.

Esto te ayudará a filtrar los mensajes psíquicos.

Apagar los sentidos psíquicos

Despertar tus sentidos psíquicos puede ser una experiencia abrumadora. Cuando comienzas, la experiencia será nueva y emocionante, en especial si estás progresando. Estarás más emocionado la primera vez que mandes un mensaje telepático con éxito. Pero el hecho de que todas estas cosas estén sucediendo de forma simultánea puede hacer que todo el proceso sea muy intenso.

Puede ser un gran esfuerzo para tu vida. Así pues, de vez en cuando, tal vez necesites apagar tus sentidos psíquicos.

Supongamos que sientes que estás recibiendo información abrumadora. En ese caso, significa que hay mucha energía pasando a través de tu tercer ojo. Por lo tanto, necesitas aprender a cerrarlo cuando lo requieras.

Primero, debes entrenarte a ti mismo para salir de tu chakra del tercer ojo y fuera de tu mente. Es normal sentir que le debes dedicar todo tiempo a desarrollar tus habilidades psíquicas y espirituales, pero no dejes que se vuelva tu vida entera. Debes pasar todo el tiempo que puedas en tu vida humana.

Tiene que haber un balance entre tu vida física y espiritual. Dedicar algo de tu atención a tus asuntos sociales es una forma de alejar la energía de tu chakra del tercer ojo. No deberías permitir que toda la energía vaya al tercer ojo. Tu mente estará en un mejor estado si distribuyes la energía en otras áreas de tu vida.

. . .

Una manera de desviar la energía es limpiar tu casa y deshacerte del desorden. Realizar un poco de limpieza y organizar aquí y allá te ayudará a distribuir tu energía y también a proporcionar un entorno tranquilo para tu mente. Una casa caótica o un lugar de trabajo desordenado resulta en una mente caótica. Por lo tanto, si cuidas el caos de tu casa o trabajo, indirectamente estás cuidando de tu mente. Arreglar tu casa estimula tu chakra inferior. Debes estar atento a tus finanzas y otros aspectos de tu vida. Dar paseos todos los días.

Asegurar el balance entre tus sentidos y portales psíquicos es una parte integral de tu vida. Debes estar balanceado con tus centros de energía y tus portales psíquicos. La telepatía no es una solución rápida para arreglar un problema intrascendente, así que no lo consideres como tal. Practicar la telepatía significa que tienes que pasar una gran parte de tu día en el reino psíquico.

Esto te puede distraer de tus relaciones y de todo lo demás, pero no deberías dejar que suceda. Pasa todo el tiempo que puedas con sus relaciones sociales. Sal con tus amigos, con tu pareja, da un paseo en el parque, sal a caminar con tu perro. Haz cosas que te mantengan con los pies en la tierra.

. . .

Apagar los chakras

Como ya sabes, los chakras son los centros de energía del cuerpo. La energía fluye a tu cuerpo físico a través de los chakras. Así pues, cuando sientas demasiada energía, lo mejor que puedes hacer es apagar los chakras. Como ya hemos dicho, los chakras pueden estar hiperactivos o poco activos dependiendo del flujo de energía. La puerta telepática no se puede cerrar si no aprendes a controlar el flujo de energía en tus chakras. Puedes evitar tener una sobredosis de energía al apagar los chakras para recibir el menor flujo de energía como sea posible. Para cerrar temporalmente la puerta a tu habilidad telepática, necesitas apagar tus centros de energía. Apagar los chakras también te ayudará a aumentar tu energía personal.

También aumenta la habilidad para concentrarse. Y, aún más importante, te ayuda a mejorar tu salud y bienestar.

Cuando cierras la puerta telepática a los pensamientos y emociones de otras personas, este suele ser el resultado final.

Algunas técnicas de visualización que puedes utilizar para apagar tus chakras son las siguientes:

. . .

Método dial de radio

Esta es un método de visualización bastante útil para disminuir el ingreso de energía a tus chakras.

- Siéntate en una posición de meditación. Coloca las palmas de las manos sobre tu regazo y cierra los ojos. Ahora, visualiza tu intuición en la forma de un dial de radio, con lo que sintonizas la estación.
- Observa el volumen y ve qué tan altas tienes tus habilidades intuitivas. Haz una nota mental de tu nivel actual.
- Una vez anotado, visualízate bajando el volumen hasta los números más bajos.
- Una vez que hayas bajado el volumen de tu intuición, agradece a los espíritus y termina.

Visualización termómetro

Este es un método bastante sencillo y directo.

- Cierra los ojos y utiliza el ejercicio de respiración para entrar en el estado meditativo.
- Una vez que hayas entrado en ese estado, imagina un termómetro en tu mente. El

termómetro representa tus habilidades intuitivas.
- Imagina que disminuye el nivel del termómetro hasta el nivel más bajo que quieras. Visualiza cómo va bajando uno por uno.
- Una vez que hayas llegado al nivel deseado, exhala profundamente y levántate.

Método de la flor

Si te gustan las plantas, vas a creer que esta técnica es bastante divertida.

- Siéntate cómodamente, cierra los ojos y realiza un ejercicio rápido de respiración.
- Ahora, visualiza tus chakras, en especial el chakra del tercer ojo y el chakra corazón. Para que la energía vaya al chakra del tercer ojo, primero debe pasar a través del chakra corazón. La mayoría de la información sensible que llega al cuerpo la recibe el chakra del corazón y el del tercer ojo.
- Sintoniza el chakra corazón conforme lo visualizas. Luego, imagina una flor rosa que

aparece sobre tus chakras. La flor representa tus habilidades intuitivas.

- Si la flor está abierta por completo, significa que tu intuición está 100% abierta. Una flora a medio abrir significa que tu intuición está medio abierta. Una flor cerrada, significa que la intuición está cerrada.
- Realiza este mismo ejercicio para el chakra del tercer ojo y todos los chakras restantes hasta que sientas que eres el mismo otra vez.

Cuando termines con todos estos ejercicios, asegúrate de examinar tu estado mental actual y compararlo con la forma en la que te sentías antes de apagar tus chakras.

Naturalmente, te debe sentir más tranquilo, aterrizado y seguro.

Si te sientes de esta manera, significa que los ejercicios de visualización fueron exitosos. Siempre y cuando ancles tu chakra raíz a la Tierra, tus chakras siempre van a estar ligeramente abiertos. Esto es mejor que apagar tus chakras por completo. Si quieres abrir tus chakras por completo otra vez, sólo necesitas revertir cualquiera de las técnicas antes mencionadas.

Cuando apagas tus chakras y tus sentidos psíquicos, no pierdes tu intuición por completo. Todavía seguirá ahí cuando la necesites. La diferencia es que estaba más dormida de lo que suele estar. Esto hará que el proceso de filtrado sea más sencillo para tu mente. Con cualquier técnica puedes controlar efectivamente lo que entra a tu mente y lo que no.

Navegar en los secretos de la telepatía y el desarrollo psíquico es un proceso emocionante. Asegúrate de disfrutar cada uno de los pasos del camino. No dejes que tus prácticas se sientan como una tarea. Deja ir cualquier duda, miedo o preocupación que tengas en la mente sobre tus habilidades. Más bien, acéptate tal y como eres.

Aún más importante, abre tu corazón al amor y a la luz.

El chakra del tercer ojo no se puede abrir a menos que el corazón esté lleno de felicidad. Así que debes hacer las cosas que te hacen feliz. Si lees este libro y no sientes que estás listo para comenzar con tu viaje telepático, no te apresures. Espera a que estés mentalmente listo para tu viaje.

Por último, medita regularmente para mantenerte en sintonía con tu conciencia elevada. Un cuerpo y una mente relajados son bastante importantes. Cuida tu cuerpo al mejorar tu alimentación, ejercicio y otras cosas que afectan tu cuerpo físico. Recuerda que cualquier cosa que afecte tu cuerpo físico, afecta a tu cuerpo espiritual también. Así pues, cuidar de tu cuerpo no es una elección. Repito, no te limites a ti mismo. Siempre puedes encontrar una manera para seguir avanzando en tu camino espiritual.

Conclusión

La telepatía está presente en todos y cada uno de nosotros. No es un don único que está reservado para un conjunto especial de personas. Puedes ser un telépata si quieres serlo. Cualquier persona puede ser un telépata. Pero desbloquear tus sentidos telepáticos no es tan sencillo, como ya has aprendido en este libro. La práctica telepática requiere que seas consistente, paciente y, más importante, diligente. Debes estar listo para dedicarle tiempo y esfuerzo si quieres ver resultados productivos.

Despertar tus sentidos psíquicos y desbloquear la telepatía puede ser la base de tu proceso para despertar espiritualmente. Cuando hayas logrado finalmente esta etapa, te sorprenderás de lo mucho que te has resistido al avance espiritual y psíquico.

Printed in the USA
CPSIA information can be obtained
at www.ICGtesting.com
LVHW011743300124
770330LV00003B/94

9 781646 944958